本書自体が悪霊退散・除霊ならびに守護霊強化させる霊符です。切り取らずにそのまま本書を大切に保管しておいてください。なお、通常のように読む分には何ら問題ございません。ひどく汚れた場合や破いてしまった場合は、新しいものにお取り替えいただくことをお勧めします。

はじめに

みなさん、こんにちは、日本最後の陰陽師・橋本京明です。

本書でも前著（『霊供養』）に続き、私が相談を受け、鑑定と供養をさせていただきました、お話しをさせていただきたいと思います。

このような相談を受けたことがあります。

ブライダル関係のお仕事をされている女性の方が鑑定に来られました。

「あっ！……」と少しばかり息を呑みました。

彼女の隣には具体的な表現をするのもはばかれるような、ぐちゃぐちゃになった男性の霊が立っていたのです。

私は相談者ではなく、霊に向かって尋ねます。

「どうされたのですか？」

するとその男性霊は答えます。

「娘に私（今の姿）を見ないでほしい」

「どうしてですか？」

「（今のこの状態の私を見てしまっては）一生、トラウマになるだろう。精神的にも病んでしまう。この子には私をきれいな姿で覚えおいて欲しいのです。本当に、お願いします」

私と霊との対話は心のうちで、つまり、無言では行いません。本当に人と人との会話のように進みます。ですから、私の発言も声に出しており、娘さんはその様子を見て驚き、涙を流されました。

この相談者のお父さんは不慮の事故で高いところから落ちて亡くなり、その直後に娘さんが来られました。

私はそのままに伝えました。

すると、娘さんから「わかりました。父の想いを大切にします。私はこれからどのようにしたらいいですか？」と聞かれました。

私は「最低、1日2回、家族が食べるのと同じご飯を上げてください」と。

不慮の事故で亡くなられた方は、その当時の姿で霊となります。

変死で死後1か月近く経っている方は目に蛆《うじ》が湧き潰れていることもあります。

見るに耐えない姿です。

ですが、供養をちゃんと行うことでお顔や体がきれいになっていくのです。

また別のケースです。

ご婦人が一人で来られました。

来た瞬間に「この方は息子さんを事故で亡くされたのだな」とわかりました。

なぜか。

その方の隣に、顔面、正確には鼻から上が擦れて亡くなっている若い男性が立っていたからです。

「失礼ですが、息子さん、事故で亡くなりましたか?」とお聞きしました。

本来は別の相談で来られる予定だったお母さんは、その言葉でただただ泣き崩れるだけでした。

数日前にバイクの転倒事故で大切な息子さんを亡くされたのでした。

私はお母さんが落ち着かれるのを待って、供養の仕方をお伝えしました。

火事でおばあちゃんを亡くされた方からも相談を受けました。

火事、焼身の場合は、霊も皮膚がただれ、全体的に黒っぽく見えます。影とは違います。

その方の夢に出てきておばあちゃんは「熱い、熱い」と泣くのだそうです。

私は「毎日、朝昼晩と４杯分のお水を上げてください。自分達が普段飲んでいるお水で構いません」とお話ししました。

その方は言われた通り、仏壇の前にコップ４杯のお水を毎日お供えました。

数日後のことです。朝、目が覚めていつものようにお水をお供えしようとしたら、昨夜あった水のうち３杯が空になっていたのです。残った１杯も底の方に少しだけお水があるぐらいです。その方のお家では猫や犬を飼ってもいませんし、深夜に地震が起きたということでもありません。

不思議に思いながらも、朝と晩のお水を続けました。

その日の夜、夢の中に現れたおばあちゃんはすっかりきれいな姿になっていたそうです。そして「ありがとう。お水はもう十分だ」と笑顔で言ったそうです。

火事の話をしたので水死についてもお話しします。

水難事故で亡くなられた霊は「寒い」と言います。

ですから、遺影の前に毛布やバスタオル、ポンチョなどをお供えしていただくようにお願いします。

また水死した霊はふざけて水をかけてくることがあります。

もちろん、実際には濡れません。ただ、冷たい、濡れたような感覚は残ります。

こんなケースがありました。

27歳の女性が鑑定に来られました。結婚前の彼氏に浮気され、ショックで立ち直れないというのです。さらに不思議なことに、寝て起きると、毎朝枕元がぐっしょり濡れているというのです。ご本人の汗ではありません。

私は「ご家族で水でお亡くなりされた方はいませんか？」と尋ねました。

するとその方の顔色が変わり「父です！」と言ったのです。

お父さんはショックを受けている娘さんのために、枕元に現れたのだといえます。

私は「あなたのお父さんが、失恋で落ち込んでいるあなたのことを心配して出てこられたようです。お墓参りをして感謝の気持ちをお伝えしてください。お父さんも喜びますし、あなたにもこれからさらに素敵な出会いが待っているはずです」とお話ししました。

私は日本で、いや世界でも一番多く、霊鑑定をしていると思います。

その私が、鑑定のたびに霊供養の大切を感じているわけです。

霊は私達に何かを伝えようとしているのです。

その願いを叶え、霊も人も、笑顔にさせるのが霊供養です。

私は、本書でもみなさんに、私達と霊とのつながりやご先祖様のありがたさをお話ししていきます。

それは、みなさんに霊供養の素晴らしさと大切さを知っていただきたいからです。

繰り返しますが、本書でご紹介する話はすべて、本当の話です。

日本最後の陰陽師　橋本京明

目次

安倍晴明公・掛軸（安倍晴明神社所蔵）

霊供養2

霊供養・守護霊の話

私の修行時代

私の修行時代の話です。

これまで50以上のお寺で修行させていただきました。

一つのお寺で修行するのは大体1週間ぐらいです。寝るところは骨壺がある部屋が多かったです。お祓いの現場にも立ち合わせていただきました。霊的な現象が起こることもあれば、何も起こらないこともありました。お寺といえども、霊的な現象はまちまちなのです。

私が若い頃の話です。

アルバイトしていたのですが、そのアルバイト先の後輩女性が急に霊感に目覚めました。

近所に、3階建てアパートが建設されていました。途中工事が止まったこともあり、10年かかって完成です。

このマンションにその後輩女性も住んでいたのですが、地元の子供達の間で「オバケマンション」と呼ばれていました。なぜかというと怪奇現象が多発したからです。

後輩女性は、ドアを開けると生首が降ってくる、廊下で見知らぬ男性の霊が走って追いかけてくるといったことを体験しました。玄関を開けたとたんに首が落ちてきたのは遊びに行った私含めて友達も全員見ました。

そんなこともあり、その後輩女性は2年後に鬱《うつ》になって入院されてしまいました。

霊が取り憑いたわけではないのですが、オバケマンションで力が開花したのか、その霊能力はとても強く、霊視ができました。それこそ、私には見えないようなものも見えたのです。

この話にはさらに続きがあります。

その後輩女性が入院される前のときですが、友達数名でそのマンションには地下室があることを発見して、こじ開けて入っていったそうです。

その場では何も不思議な体験はなかったというのですが、そこで霊に取り憑かれました。彼女は霊感が強かったので大丈夫でしたが、お友達の一人が翌日に一方通行の道路で不可思議な事故死。それを聞いたもう一人の友達も現場に向かい、事故に遭いました。

これは霊が人を殺したケースといえます。

霊が人を殺すことは多いです。特に、霊のタブーを破ると呪われて殺されるといわれます。

私の若い頃の無茶話を続けます。

私含めて五人の友達（友達の友達、まったくの初対面の人もいました）でとあるペンションに行きました。そこも「出る」と言われている有名なところです。

確かに雰囲気は薄気味悪く感じたのですが、霊がいるようには思えませんでした。

ところが、中を散策するうちに誰かが地下室を発見したのです。誰かが私に「地下室があるよ」と言ったのを覚えています。私は誰がそこを見つけて教えたのか不思議でした。私以外の四人が降りていき、地下室に入りました。すると、中から「うわー!」と叫び声に続けて「逃げろ!」の大声が聞こえました。逃げ出してきた友達は「変な女性がいる!」と叫び、一目散で車に駆け込み、その場を離れたのです。

ペンションからだいぶ離れて落ち着き、近くのファミレスで休憩を取りました。

みな、先ほどの体験に興奮していました。

ところが、私が「地下室を見つけて、『地下室があるよ』って教えてくれたのは誰の友達?」とみんなに確認したのですが、誰も彼も「いや、そんなやついなかったよ」と言うのです。私は確かに、ペンションに行く前に立ち寄ったコンビニでも挨拶(といっても、お互いの簡単な自己紹介程度でしたが)をされましたし、車の移動中も一緒でした。ペンションを探索したときも見かけました。

ですが、逃げ帰ってきたファミレスではいなかったのです。

人数を確認しました。五人、ではなく、四人だったのです。

私は自分が騙されているのかもしれないと思い、何度も何度も、友達に確認しました。しかし、みな、「そんなやつは見たことない」と言うばかりでした。

後日、そのペンションについて詳細を確認しました。その地下室には礼拝所があったというのです。

おそらく、私が見たその人は霊だったのです。私達が心霊スポットに行くことを知り、一緒に付いて（憑いて）きたのです。

この他にも、高校生の頃いつもの心霊スポット好きメンバーで地元でも有名なトンネルに行ったこともあります。

車で向かったのですが、メンバーの一人が「肩が重い、苦しい」と叫ぶのです。私が見ると、女性が肩に覆いかぶさっているのを見ました。もちろん、すぐに逃げてお祓いをお願いしました。

もし、心霊体験をしたいのならば、二人で行くのがお勧めです。一人だけだとその体験が霊的現象か勘違いかわからないからです。

また、感じ方もそれぞれですから、お互いに確認し合えることが大事です。

私は霊能力をさらに高めるために、お寺で修行をしていたのですが、トイレの奥に霊符がある部屋があり、霊符を破ると霊が出たこともあります。

私の修行先はそういったところ（謂《いわ》れがある、曰《いわ》く付きの部屋や物、例えば骨壺や霊符がある）が多いです。

そういったところでも「怖い」よりも「これは何だろう」「自分が霊を供養しないといけないのでは」と思っていました。自分の霊能力を高めたい一心でしたから、そんなことも言ってはいられないわけです。

修行は今思い出しても辛いことばかりでした。もう一度やりなさいといわれても絶対にやりたくはありません。それぐらい肉体的にも精神的にも厳しく追い詰められました。

こうして修行を重ね、霊能力を高め、鑑定やお祓い、供養をさせていただくわけですが、鑑定後に「先生のおかげです」「来て、よかったです」や「ありがとうございます」と言われることが何よりもやりがいです。

感謝の言葉が欲しくて、これまでも、今も、これからもやっていくのだと思います。

私の失敗談

修行を終えて、鑑定を始めた頃は、お恥ずかしい話ですが、失敗したこともあります。
20代のときに病院のお祓いをお願いされました。
地下3階に警備員と看護師さんと私の三人で向かうはずなのですが、自分一人で行くことにしました。

私が「大丈夫ですよ、1時間で戻ります」と二人に伝え、病院のエレベーターに乗り込みます。

地下3階に着きました。

エレベーターが開いたとたんに、老婆二人とおじいちゃん一人がものすごい形相で覆いかぶさって来たのです。

私はその瞬間に「やられた!」と思いました。

気がついたら、病院で点滴です。

話を聞くと、いつまで経っても戻ってこない私を心配して、二人が地下に階段で降りてきたそうです。なぜ階段かというとエレベーターが使えなかったからです。

すると、倒れた私がエレベーターで足を挟まれて、ドアが開閉を繰り返していたというのです。

これは若気の至りです。もっと慎重に構えておくべきでした。その地下室に霊がいること自体は事前に感じていたわけですから。

こういう体験をすると「怖くはないのですか?」と聞かれます。

私は怖くはありません。それよりも「どうやって供養しよう」と考えます。

後日談としては、その日は失敗しましたが、日を改めて、準備を万全にして、次の機会でちゃんと供養はさせていただきました。

東京オフィスでの話

郡山で開業した私は東京に移り、オフィスを構え、より本格的に鑑定や霊供養のお仕事をさせていただくようになりました。

ある相談者さん（若い女性）が来られ、お腹にできた丸い赤いアザについて相談を受けました。聞くと、８月の終わり頃から気になっていたというのです。

その方は両親が離婚されて母親に引き取られていたようです。

10月後半に警察署からその方に電話がありました。出ると、「あなたのお父さんが亡くなった」と。それまで元気だった父がなぜ？　と疑問に思い、その死因を尋ねると心臓発作だというのです。

実は、私のところに来たのはその赤いアザと「パパと電話したいけど出てくれない。ＬＩＮＥもつながらない」というお話でもあったのです。

私はその女性の後ろに立っている男性、つまり、彼女のお父さんにすぐ気がつきました。彼は私のことを震えて怖がって見れないようです。「（死因不明ということもあり）ＤＮＡなどの検査をするんですよね」と確認すると、娘さんとは全く違う男性の声で「死にたくない！」と声がするのです。

これは、本人がまだ死んだことを自覚せず、かつ、お葬儀などもちゃんと行われなかったときに見られます。死因検査が終わらないとお葬式もあげられないからです。

娘さんのことを思う気持ちはわかりますが、これはすぐにお祓いしなければいけないと感じ、事務所で簡易的なお祓いをさせていただきました。

事務所で行うのはあくまでも緊急を要する場合のみです。なぜなら、取り憑かれた子が自殺してしまう可能性もあるからです。

最後に「何かしたいことありませんか」と聞いたら「車に乗りたい」と言うのです。車の話を延々とされていました。彼はまだ未練があったようですが、私が「もし、もう一度、遺族のところにいったら、本当にもっと懲《こ》らしめるよ」と宣言し、しぶしぶ納得してもらいました。

ところで、この相談者が事務所に来られた日は、その赤いアザの精密検査の結果が出てくる日でもありました。癌《がん》やリュウマチなどを不安視していたのですが何事もなかったようです。

そして、このアザができた日、その日はお父さんが亡くなったとされる日だったのです(後日、警察から「死後2か月くらい経っています」と言われたそうです)。

このアザは死にたくはない、けれども死んでしまった自分を知って欲しくて娘さんに出てきたものだといえます。

私がオフィスでお祓いをするのはこのケースともう一つの2例だけです。

お葬式をあげていない霊が取り憑いた場合、強引にでも引き離さないといけません。

「命を取られる」ことが多いからです。

オフィスでお祓いをしたもう1例についてもお話ししたいと思います。

娘さんとお母さん、お父さんの三人家族で来られました。

私のオフィスでは二人限定です。三人を認めることはほぼありません。

ですがそのときは特別でした。

というのは、見てもらいたいのはお父さんなのですが、震えて怖がってきてくれないのです。

娘さんとお母さんの二人がかりでなんとかお越しいただきました。

お父さんはずっと震えています。下を向いて、ずーっと、震えているのです。

お母さんに話を聞くと、これまで病院はすべて見て回ったそうです。

内臓も心疾患も先天的なものも後天的なものも、何も異常は見当たりません。

お父さんには霊も憑いているようには見えません。

私はただならぬ気配を感じ、いつも以上に力を入れて霊視をしてみました。

すると「井戸」が見えました。

井戸の奥底に、漬物石のような大きな石が見えるのです。

それと、昔のお祭りで使ったような刀も。ご神鏡のようなものも見えます。

間違いありません。これは神社関係です。

私はお母さんに「旦那さんのご実家は神社関係ではありませんか?」と聞きました。

お母さんは「はい、実家は神社の横にあります」と答えました。

私はさらに続けて「実家に井戸はありませんか?」と確認しました。

「今は建て替えして使っていませんが、確かに、井戸はあります」と言うのです。

私は「実家に電話をしていただき、確認していただきたいことがあります」とお願いをしました。

お母さんが旦那さんの実家に電話をすると、井戸はありました。

お願いして、井戸の水をどんどん汲み上げてもらいました。

多少、量が減って水も澄んだところで、義父さん（つまり、旦那さんのお父さんです）に縄梯子《なわばしご》で降りていただき、中を見てもらいました。

すると「刀と大きい石がある！」と言うのです。

ただ、触るとびりびりし、何よりとてつもなく重いというのです。

その場に私が向かうことはできませんので、近くの神社（その実家の横の神社とは別です）の方に来ていただき祝詞《のりと》をあげてもらいました。

すると刀だけは取れました。その刀は後日、丁寧に供養していただきました。

さて、私のオフィスです。

刀が取れたことを聞き、私がお祓いをすると、旦那さんの後ろからすっとおばあちゃんの霊が出てきました。

「何で取るんだ！」と怒っているのです。「あの刀には悪いものが閉じ込められている。それを何で取るんだ！」と。

私が「どうすればいいですか？　どうしてこの方に憑くんですか？」と聞くと、「この子は小さい頃、その刀を使って、蛇や蛙を殺して遊んでいた。そして、その刀自体をその子が井戸に投げ捨てた」と言うのです。

私はてっきりおばあちゃんが刀を井戸に捨てたものだと思っていました。

のちに、正気に戻った旦那さんに話を聞くと、「小さい頃、夢の中におばあちゃんが出てきて『家の石垣に蛇がいる。それを殺さないと祟《たた》られる』と言われ、刀で殺しました」と言うのです。おばあちゃん、正確にはひいおばあちゃんですが、そのひいおばあちゃんの霊が唆《そそのか》したわけです。

さらに驚きの事実が判明したのですが、そのひいおばあちゃんは包丁で刺されて殺されたというのです。犯人は捕まりましたが、その犯人は蛇につながる家系だったそうです。だから、ひいおばあちゃんは蛇に対して恨みがあったのです。

また、ひいおばあちゃん自身も宗教的・呪術的な儀式や呪いを行うことがあり、その際にヒキガエルを殺して捧げていたというのです。

このように呪いを行う家系は子孫にまで影響を与えることがあるのです。それも強い力で。

私が霊に取り憑かれた話

ここで私が霊に取り憑かれた話をしたいと思います。
福島県に御霊棺《ごれいびつ》の峠というのがあるのですが、そこで初めて取り憑かれました。
「わたしはなんとかちゃんなんだよ」とずっと言い続けているのです。
私に占いを教えてくれた先生のもとに行ってお祓いをお願いしましたがうまく

いかず、地元の有名な霊能師に祓ってもらいました。

あとからわかったのですが、私が言い続けていたその「なんとかちゃん」は数日前に殺人事件で亡くなっていたそうです。

霊に取り憑かれるといろいろな症状の出方があります。私の場合は、車に酔った感じです。ひどいと吐きます。震えと汗も止まりません。インフルエンザに罹《かか》ったような状態ともいえます。

感覚がなく、その日のことをちゃんと覚えていないのです。

他にも霊に取り憑かれると、ずっとクスクス笑うこともあります。

傷やカッターでこすったような赤い傷跡が背中や首筋、耳の後ろに突然出ることもあります。目尻に現れることもあります。

本人が引っ掻いたわけでも、痛みもないのに出てしまう。これも霊が取り憑いた証拠といえます。

私が見た霊体験の話をもう一つ紹介します。

お正月に新潟県のとある旅館に行きました。旅館は混んでいましたが、たまたま、奥の一部屋が空いており、そこに連泊をさせてもらいました。

すると、夜な夜な、天井が回るような感じがするのです。

一緒に同行した人も同じような感覚を受けたそうです。泊まっている間、都合、3回もです。

私はそのとき、部屋の片隅に男の子の霊がいるのが見えました。

チェックアウトの際、旅館の方に「あの部屋にいつも泊まるお客さんがいるのではないですか?」と聞いたら「はい、毎年、親子三人でそのお部屋をお使いになられるお客様がいらっしゃいました」と言うのです。

私が「今年も来られたのですか？」と重ねて尋ねると「いいえ、数年前、そのご家族の男の子がこの旅館の近くのスキー場での事故で亡くなり、それ以来、お越しにはなられていません」と。

男の子は家族三人でスキーに来た楽しさが忘れられずに、今も、その部屋にいるのかもしれません。

霊ではなく、山で異形のもの、鬼のような存在を見たことがあります。

長野県の旅館に泊まったときの話です。

旅館にあるトイレに入りました。そこは人感センサーのあるトイレだったのですが、なぜかそこで人がいないのにセンサーが反応して開閉したのです。使用中の私はびっくりしましたが、人感センサーは霊が反応することもあるのです。

おそらくその霊は私が来たことで、何かかまってほしかったのかもしれません。

霊はかまってちゃんが多いですが、かといって悪いことはあまりしません。

長年相談とお祓いをしていると、霊の数だけ、霊の悩みがあると断言できます。

そんな中で、少し変わった霊の相談の話をしたいと思います。

相談に来られた方が「家庭内がうまくいっていない」とおっしゃるのですが、そのとき、その方の後ろからお姑《しゅうとめ》さんの友人の霊が出てきました。家庭内の不和を教えてくれたのです。

霊が告げ口をするというのはとても珍しいことでした。

私がそれとなくお姑さんとの関係を説いて、無事に家庭円満になったそうです。

山形県のとある旅館から依頼されたことがあります。26歳頃です。

ある部屋で宿泊客の首吊りがあり、それ以降霊が出るというのです。日中は他の宿泊客の目につきますから、深夜2時ぐらいからお祓いを始めました。無事に祓い終えたのですが、泊まったお客さんが「どこからお経の声が聞こえて怖かった」とフロントに言ったそうです。無言ではお祓いできないのでそれは仕方ないことです。

私自身が体験したケースでは、住宅街を歩いていて、いかにも空き巣狙いっぽい人がいたのです。周りには誰もいません。入ろうとしていた家も人気がありませんでした。警察を呼ぶには時間もなく、私は思い切ってその人に声をかけました。すると、何と、その人は霊だったのです。空き巣狙いではなく、家に帰ろうとしていたのでした。これはとても恥ずかしかったです。

先祖が「七代まで、末代まで、祟ってやる」と言って死んだ人がいて、おじいさんが病死、お父さんが事故死、男の三人で上の二人が種無しで、末っ子をどうにかしてほしいというお願いも受けたことがあります。あらゆる術と式を駆使して、また、そのご家族にも丁寧な供養をお願いして鎮めました。

お祓いで解決できないことはありませんが、祓えないこともあります。それは時間や条件によるものです。

首狩神社の話

ユーチューブの撮影で愛知県にある首狩神社に向かう途中の山道で迷ってしまいました。

すると女性の霊が現れて「この先に二股の道がある、右を行け」と言いました。

私はその霊の発言に違和感を覚え、その反対、左を選び進みました。

果たして、山頂の神社に着きました。

「どうして、先ほどの霊はあんなことを言ったのだろう」と不思議に思っていると、「ただしくん」という男の霊がいました。その隣に、お父さんと思しき霊もいました。お父さんは神官の格好をしており、なぜか私に敵意を剥き出しにしているのです。ただしくんが言うにはお父さんは貧民救済のために新興宗教を広めようとして毒殺されたというのです。

そのお父さんが私に調伏の儀、つまりは、呪いをかけてきました。

私には式神もいますし、力は断然、私の方が上です。難なく跳ね返しました。

除霊してもよかったのですが「これからは悪い人がいたら追い返してください」とお願いしました。彼は「すみませんでした。わかりました」と言いました。

私にはまだ腑に落ちない点があり、降りる途中、先ほどの二股のところで招霊術を行い、先ほどの女性の霊を呼び出しました。女性の霊は私を見てすぐに逃げ出そうとします。が、つかまえて問い質しました。「あなたは山頂にいた男性の奥さんではないですか?」と。すると「はい」と認めました。

この女性は旦那さんのことを思って、私に会わせたくなかったというのです。会うと夫が祓われてしまう、それを避けたかったのです。だから、あえて嘘を言ったのです。

普通、霊は嘘を言いません。だから不思議に思ったのです。

山頂の神社に父子二人がいて、私が「奥さん(お母さん)は?」と聞いたら、神社の奥がガタガタと鳴り、「あそこにいるよ」とただしくんが言いましたが、おそらくあれはただしくんによるものだったのだと思います。

私は奥さんの霊に「これからは仲良くいてくださいね」とお伝えし、山を降りました。

お弟子さんに霊が取り憑いた話

私はユーチューブでも活動していますが、そのときの話です。

私のお弟子さんが撮影中に取り憑かれたのです。

愛知県のとあるトンネルでのことです。

私は男性三人のお弟子さんと女性二人のお弟子さんを連れていきました。

現場に着き、私が霊の見方を教えました。それは視線を一点集中させて、光をずらして見せるというものです。

お弟子さんにその通りにさせると、急に「ガタガタガタ、ビチャビチャビチャ！」と大きな音がし、子供の霊がお弟子さんにどかっと乗っかってきたのです。

もう一人のお弟子さんに取り祓わせました。

その方法は簡便なものですが、お灸です。足の裏にお灸を据えて、特殊な神咒《かじり》を唱えるのです。神呪《かじり》とは祝詞の一種で、神霊かつ霊妙な呪文のことです。

霊が取り憑いている間はお灸の熱さは感じません。

この方法はいっぺんに五人までできるので、応急処置として便利です。

さて、その次の日、違うトンネルに行きました。岐阜県にある通称「朝鮮トンネル」です。

そこに向かう途中、女性のお弟子さんが気を張っているのがわかりました。

その1分後に、彼女が急にうずくまり「うわー！」と叫ぶのです。

トンネルのはるか手前、これから1時間も歩く前に取り憑かれてしまったのです。

今度は男性のお弟子さんに取り祓わせましたが、目的地のトンネルに行くまで都合3回も取り憑かれました。

今回連れて行ったお弟子さんのうちの二人は、率直に言いますと私より霊的能力が高いです。

ＲＰＧのようにＨＰ（こちらを基本的な体力とします）とＭＰ（霊能力としま す）があるとして、私は先天的なものと後天的な修行のおかげで２００ぐらいは あります。これでも十二分に高いと思います。

ところがお弟子さんの二人は５００を超えているのです。これには驚きました。 ただ、数値は高くても使える魔法（術です）は少ないので、これから次第ではな いでしょうか。数年後には私を超える術師になると見ていますし、それが楽しみ でもあります。

また、人に個性があるように私のお弟子さんもそれぞれ個性ある能力を持って います。

あるお弟子さんは残影能力が強いですが、別のお弟子さんは降霊が得意で、さ らに違うお弟子さんは霊視が得意といったものです。私はそれらの特長をさらに伸ばすことを大切にしています。

ちなみに、私は霊との対話が得意です。


さて、ようやくたどり着いたトンネルはいつも以上に反響がすごく、耳はもちろん頭も痛くなるぐらいでした。

霊的な存在がいることはわかりましたが気にせずに奥にどんどん進むと、いきなり「落書きをしたのはお前か!」と怒鳴られました。霊の怒鳴り声です。

私はすぐに特殊な神呪《かじり》を唱え、鎮めました。

ところで、私が唱える言葉は決まっています。それらの言葉を組み合わせて使うわけです。

これはマントラではありません。これまでいろんなお祓いを実践してきて、その結果、一番聞いたものを採用しています。

特殊な神呪《かじり》は音が重要です。漢字は外国から来た言葉ですから、日本民族としてはそれ以前の言葉に力が宿るのです。ですから、唱える人によって同じ特殊な神呪《かじり》でも変わってきます。

すべては覚えていませんが、私は1000以上の特殊な神呪《かじり》を持っています。

話を撮影に戻しますと、結論としては、この2日間撮ったものはすべて、霊の声が入っていてお蔵入りとなりました。残念ですがこういうことも多々あります。

私のお弟子さんもそうなのですが、高い霊能力を持つ人は、私の力を見て（その力が普通よりも高いため）怨霊《おんりょう》だと勘違いしてしまうこともあります。

また、取り憑かれてもけろっとしていることが多いです。

それこそ、たんに「熱い！　熱い！」と騒ぐぐらいです。

そういった場合は、神棚にお供えした浄めた水で手を清めて、相手の首の脊髄《せきずい》を強く押して、特殊な神咒《かじり》を唱えます。これも効果があります。

高い霊能力のお弟子さん二人を教え育てているときに私自身にも発見と気づきがありました。

私はこれまで自分のＭＰは２００が上限でそれ以上は伸びないと見ていたのですが、限界ではないことにそのロケで気づいたのです。

撮影中、取り憑かれたお弟子さんも含めて、４回ほどお祓いをした後、自分のＭＰが０近くになり、「ああ、自分の限界が来たのか」と感じました。

と、ふとある言葉が頭をよぎり、その言葉を唱えてみました。

すると、何とＭＰが回復して、霊が50人くらいしか見えなかったのが２００人まで見えるのです。

メーターを振り切ったら、また新たな展開が見えてきたといったところでしょうか。

この「ある言葉」とは、お父さんや霊能力者のおじさんから教えてもらったものので、橋本家に代々伝わる言葉です。なぜその言葉を私が覚えているかというと、父がその言葉を額に納めていたからです。毎朝呟《つぶや》いていたような気がします。

私の父は警察官をしておりました。多少は霊能力もあったと思います。家族思いの素晴らしい父でした。

父は私の力を全面的に肯定し、かつ、応援してくれました。忙しい仕事の合間を縫ってはいろいろなところ、それも寺社仏閣ですが、に連れて行ってくれましたし、いろいろな人に会わせてくれました。

県知事と会ったこともあります。これが私の人格形成にも大きく役立ちました。

ところで、橋本家に伝わるこの言葉、それをお教えすることはできません。

なぜなら橋本家の言葉だからです。

みなさんも家に伝わる言葉があると思いますので、探されてみてはいかがでしょうか。そこにはご先祖様からのメッセージやエネルギーが詰まっています。

私がお弟子さんを取る理由

このように私は鑑定だけではなく、お弟子さんの育成にも励んでいますが、そうすると「先生はどうして弟子を取るんですか?」と聞かれることがあります。

答えは明確です。

「確かに、私自身の力に特出した能力はあります。ですが、自分にも限度があります。助けられる人にも限界があります。だから、ちゃんと能力ある人間をちゃんと教えて、悩み苦しんでいる人を一人でも多く救いたいのです」

とはいえ、誰でも彼でもお弟子さんにはしません。200人に一人が受かるぐらいのレベルです。それぐらい選抜を厳しくします。その代わり、私も熱心に教えられることすべてを教えていきます。

教えるという意味では、私の鑑定を受けた方に「学校の授業みたいで面白いです！」とよく言われます。理科の授業のような感じだそうです。

私が一方的に話すのではなく、相談者にも書いてもらい話してもらいます。それを受けて、私が答え、絵画を描いて、さらに質問を受ける。これを続けることで納得と満足度が高まるのです。

お弟子さんはみんなバラバラの能力です。一人は霊の感情をわかり、一人は場所で何があったことがわかり、一人が霊察知する能力があります。

お弟子さんとの話でこんなことがありました。

私は霊を飛ばすことができるのですが、新幹線で移動途中に、前の車両で座っていたお弟子さん二人に霊を飛ばしたことがあります。

二人は「先生、後ろ（＝つまり私がいる車両です）に引っ張られる！」と驚いたそうです。

そのときのＬＩＮＥのやりとりを紹介します。

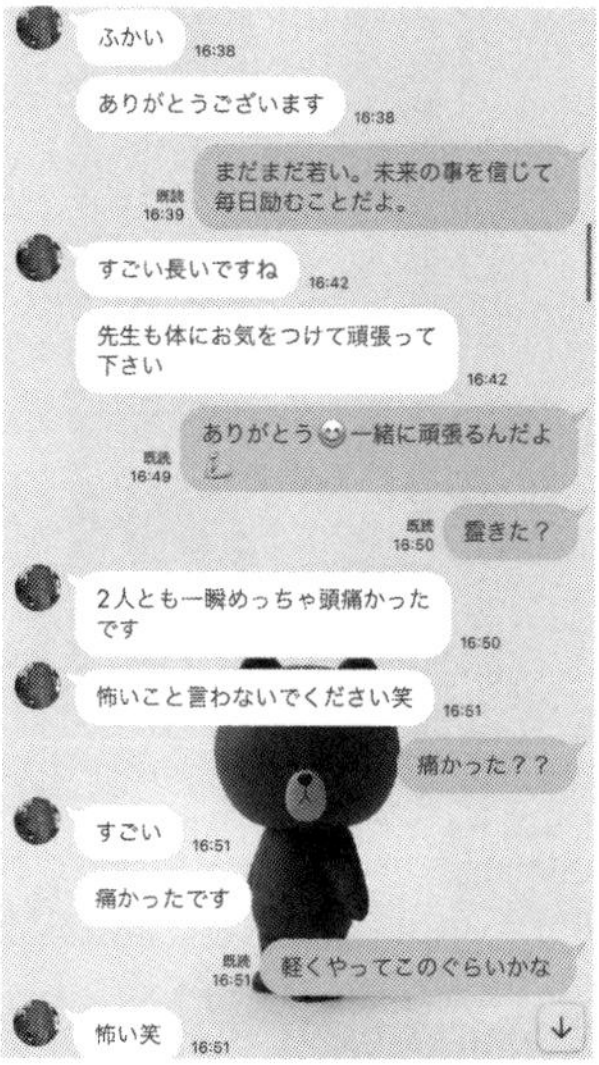
ふかい
16:38
ありがとうございます
16:38
既読
16:39
まだまだ若い。未来の事を信じて毎日励むことだよ。
すごい長いですね
16:42
先生も体にお気をつけて頑張って下さい
16:42
既読
16:49
ありがとう一緒に頑張るんだよ
既読
16:50
霊きた？
2人とも一瞬めっちゃ頭痛かったです
16:50
怖いこと言わないでください笑
16:51
痛かった？？
すごい
16:51
痛かったです
既読
16:51
軽くやってこのぐらいかな
怖い笑
16:51

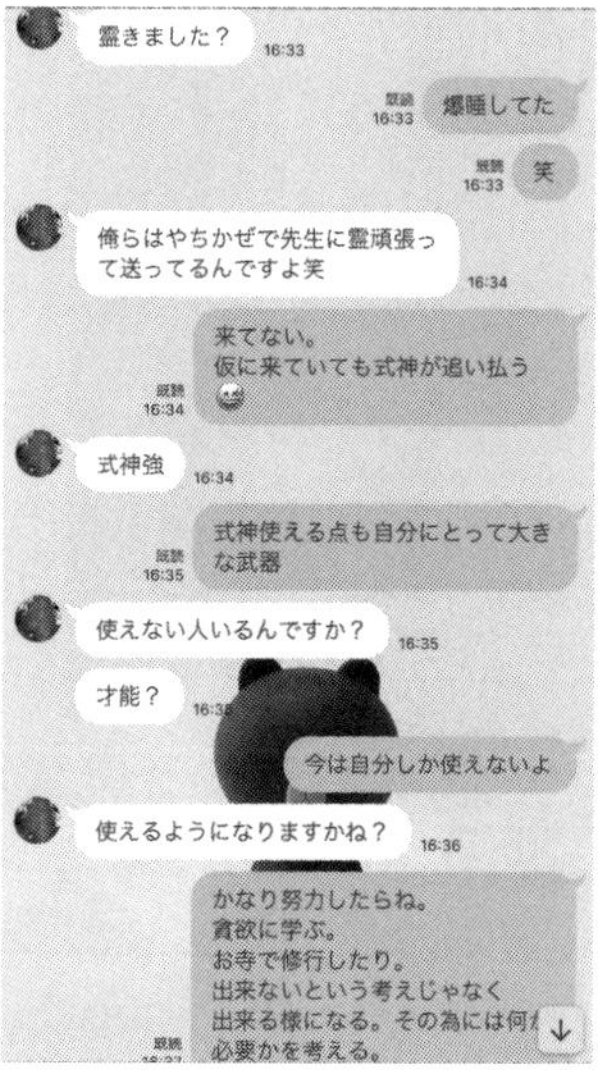
霊きました？
16:33
既読
16:33
爆睡してた
既読
16:33
笑
俺らはやちかぜで先生に霊頑張って送ってるんですよ笑
16:34
既読
16:34
来てない。
仮に来ていても式神が追い払う
式神強
16:34
既読
16:35
式神使える点も自分にとって大きな武器
使えない人いるんですか？
16:35
才能？
今は自分しか使えないよ
使えるようになりますかね？
16:36
かなり努力したらね。
貪欲に学ぶ。
お寺で修行したり。
出来ないという考えじゃなく
出来る様になる。その為には何
必要かを考える。

『呪術廻戦』のようなものです。

もちろん、これも本当の話なのです。

私がお弟子さんを連れて行くときは、パーティー編成のように考えています。それぞれの長所、組み合わせを重視します。何より、彼らがしっかりと修行でき、経験を積めることを念頭に置いています。

また、お弟子さんを取った際に、名前はその人に考えてもらっています。普通は師匠がつけるのでしょうが、私は自分の名前は自分でつけるべきだと考えています。

先祖供養の大切さ

話を鑑定に戻しますが、私のところには病院に行っても治らない、改善しないなどで鑑定に来ることが多いです。そのとき、いつも先祖供養についてお話ししますが、みなさん、先祖って意外とよくわかっていないのです。

お金回りと恋愛、すべてにおいてうまくいかない人が相談に来られました。その方の守護霊に話を聞くと、家から見て南に2キロほどいったところに小さい石碑がある、それを丁寧に弔《とむら》ってほしいというのです。その方の家系のお墓でも関連あるものでもありません。ですが、守護霊はそのように言うのです。私は相談者に言われた通りにお伝えし、その方がきれいに掃除をして、線香を上げたら、それが霊供養となったケースもありました。

守護霊が先に座ってしゃべることが多いです。鑑定依頼人は驚かれます。「何で、私が何も言わないのに、わかるんですか⁉」と。

守護霊はその人以上にいろいろなことを知っていて、話してくれるのです。私はすべてにおいて、見たままでお話しします。勝手な思い込みや願望は一切言いません。ですから、見えないときは見えない、と素直に言います。

前著でもお話ししましたが、霊とは人です。ただ、何かしたいから、霊になった。それを叶えてあげること。それが霊供養です。

何かしら、これをやりのこしたやあれが気になると霊は言います。「後悔」は何をやっても生まれてきます。私はこれまでいろいろな霊を通じて、後悔はあると思いました。それをなくすためにも、今を一生懸命生きることです。

「今日という日は二度と来ない。毎日を大切に過ごしましょう」です。


私は常に言います。人と同じように、霊と接してほしいのです。家族や友人、仲間と同じように霊と接してほしいのです。

そうすると、霊はあなたを助けてくれます。

私は父親の霊に助けてもらっています。父は何でも助けてくれます。

これは日頃からよい関係を築いているからです。

みなさんも私と同じように、お水とご飯を上げて、写真をきれいに拭いて、「今日を起こったことや普通にお願いごと」をお話しすればいいのです。生前の家庭においてもそのように話し合っているのではないでしょうか。

ですから、かしこまってお経を上げる必要はありません。普通の言葉で十分です。

それに、仏壇でお経を上げるのは、先祖に対してです。

私の祖父の霊が家に来たことがあります。「鰻《うなぎ》を食べたい」と言うので、鰻丼をお供えしたら喜ばれました。

このように、霊のお供えのご飯は、生前の食べていた料理の量に比例します。大食らいの人には大食らいのメシです。どんぶりでお供えしてください。人が食べるサイズでお供えすることが大事です。

私の甥っ子の夢の話です。

お父さんとおばあさんが夢に出てきたそうです。映画館でスクリーンに投影されるように出てきて、今後起こることやこういうことに気をつけなさいと教えてくれるのです。そのとき、「私（＝橋本京明）のところが一番、お供えものがあって嬉しい」と喜んでいたそうです。

このように霊はお供えものをちゃんと見ているのです。


私のところに来られるのは「最後の砦《とりで》」だからということが多いです。いくつかの病院に行き、その後、霊能者や宗教関係、最後に私です。その間にひどくなっていることが多く、お祓い含めて多大な力を要しますが、その方にとって「最後の砦」であるならば、全身全霊を込めて、御供養をさせていただいております。


奥さんを亡くされた男性が相談者です。新たな女性と同棲を始めたのですが、それ以後、家の中で心霊現象が起こるというのです。

「なになにさん、それ使っていいよ」と言われたり、足を触れられたり。

その方は東京から大阪に戻られたのですが、オフィスには霊が出てきませんでした。

こうなると大変です。守護霊なのか、取り憑かれた霊なのか、それともまったく別のことなのか。私の鑑定は一枠50分が原則です。このケースではあまりにも絞り込みができずに、素直に「すみませんが鑑定時間内（50分）では治りません」とはっきりとお伝えしました。

最初の10分が一番大変です。霊符をすぐに作る始めるべきか、もう少し深堀りしていくべきか。

相談者さんから提供される情報が多いほど、また、できれば守護霊が出てきてくれることが、スムーズな鑑定と解決につながります。

例えば、「家の中で変な音が聞こえるんです」と相談を受けたとします。

私はまず「それでは、家の写真ありますか?」とお聞きします。それに対して

「ありません」だと鑑定が続かないのです。

そのため、鑑定前にその方の生年月日や生まれた場所はもちろん、家の写真や可能ならば仏壇、お墓の写真なども用意をお願いします。面倒かもしれませんが、これがあるかないかで大きく変わります。それらがあれば、解決できます。

私はそれぐらいの自負と責任を持って行っております。

自殺の話

いじめを受けて自殺をしてしまった話

自殺をした霊はかまって欲しがることが多いです。
それは、その人が生前、話を聞いてもらえないから自殺することに起因しています。自分の人生を悲観して死ぬのです。または「このようなキャラクターになりたくて」死ぬこともあります。

親子で相談に来た方の話です。お子さんが霊障に悩まされていました。最初は話しづらそうでしたが、徐々に打ち明けてくれました。その子が同級生をいじめていたのです。そして、いじめられていた子は自殺をしてしまいました。それ以来、その子の霊が出てくるようになりました。

私はいじめたその子に「あなたがいじめて自殺した子に対して、心からのお詫びの反省文を書いてお供えしてください」と伝えました。

親子はその通りに行い、以後、霊障は止まったそうです。

霊障についてですが、霊は何でもできます。金縛りや気絶させることができます。特に自殺をした霊はそうです。

また、これは私の統計的にもいえるのですが、ある人が自殺すると、さらに不幸なことに、その子孫に災いをもたらす可能性が高いです。いろいろな事情、理由はあるのでしょうが、私は、自殺は避けていただきたいと願っております。先祖に自殺された方がいた場合、霊供養をお勧めします。その方法については巻末をご参照ください。


霊に取り憑かれて亡くなった方もいました。

「明日から旅行だ」という20代の男性がいました。明日から旅行、その前日に自殺をしてしまったのです。

遺族である母親から相談を受けました。「息子は、あんなに海外旅行を楽しみにしていたのに、どうして、自殺をしてしまったのですか?」と。

私は「息子さん、心霊スポットに行きませんでしたか?」と確認しました。

すると「友達に誘われて、心霊スポットにも行ったそうです。帰宅してからは何かぶつぶつ呟いていました。内容はわかりません」と。

息子さんは心霊スポットで霊に取り憑かれてしまったのです。

またこんなケースもありました。

映画の脚本を書いて、コンクールに応募しようとしていた相談者がいました。40代前半の男性です。その方は親子揃って鑑定させていただいており、彼から「先生、あと一週間後に脚本は書き上がります。先生にも見てもらいたいです。それでちょうどその頃に、母が鑑定に来ると思いますので、よろしくお願いします」と。

私は楽しみにしておりました。

すると一週間後、鑑定に来られたお母さんが開口一番、「息子が自殺した」と言うのです。

私のところに来た際は何も異変はありませんした。おかしな霊も憑いていませんでした。自信作を書き上げると意気揚々《いきようよう》としていたのです。

お母さんは「息子はいつもと同じでした。あ、でも、取材か下調べかで、心霊スポットやお墓に行ったような気がします」と言いました。

彼は飛び降り自殺をしましたが、そこは心霊スポットだったのです。

霊に呼ばれたのかもしれません。

霊はどんな状況でも取り憑きます。

健康であるとか幸せであるとか多人数で行くとか、関係ありません。取り憑かれたら離れません。すぐにお祓いをしてください。

事故物件に住んで自殺してしまった話

いわゆる事故物件で霊に取り憑かれて自殺された人の話です。

既に取り壊されましたが、ある物件の部屋では三人の自殺者が出ました。すべてロフトから首を吊っていたのです。

この三人、みな、自殺する前に「身体が痛い」と悩んでいたそうです。

自殺をする人、つまり霊に取り憑かれた人は身体のどこかが痛くなります。そして「治らない、だったら死んでしまおう、楽になろう」と思ってしまうのです。

または、気がつけばふらふらと呼ばれて死んでしまうこともあります。

自殺や不慮の事故で亡くなられた霊の供養の方法

自殺された方や不慮の事故で亡くなられた方、ちゃんとお葬式をあげられていない方の供養の方法をお話しします。

人形《ひとがた》の和紙を用意し、そこに朝露《あさつゆ》の水をつけて、筆ペンで亡くなった人の名前を書きます。

書き終えたら息を3回吹きかけて、また別の半紙を用意して、左が上になるように3枚折りをして、半紙の上にも名前を書きます。

これを仏壇などに供え、朝昼晩の3回、最低でも朝晩の2回、自分達が食べるのと同じご飯とお水かお茶を用意します。

ご飯やおかずは丸い無地のお皿にすべてならべてください。量は少なくて構いません。

これを最低でも90日間続けてください。

もし、供養したい方が複数名いるのならば、いっぺんに全員はやらず、お一人お一人ずつ供養してください。これはとても大事なことです。

本書巻末には私特製の人形《ひとがた》と人形《ひとがた》を用いての供養法を紹介しております。自殺や事故問わず、供養されたい方がいた場合はこちらをお使いください。

結婚に縁のない方が相談に来られました。

お話を伺うと、先祖に結婚しないで亡くなった人がいたことがわかりました。

この人の供養を半年やってもらいました。すると、相談者はその後に結婚されたそうです。

このように先祖供養は家全体の話ですから、大切に丁寧に行ってください。

親友を自殺で亡くした話

今回、初めて打ち明けさせていただきますが、私は親友を自殺で失いました。親友が自殺で亡くなったとき、私はショックと悲しみのあまり、それから1年間何も手につきませんでした。毎日貪《むさぼ》るように読んでいた占い関係や術の本も読む気になれません。何となく、一日が過ぎていくのです。

亡くなった直後に、夢の中で友人が泣いて出てくることも多く、それがさらに悲しみを増すのです。1年後のある日、また夢に彼が出てきました。それまでの泣いている姿ではなく、笑顔で「がんばれよー」と私を応援してくれているのです。

何かが吹っ切れた感じがしました。彼の悲しみを受けて、私がやるべきことは何かがわかりました。そこから、がむしゃらにやってこれたのです。

心霊スポットや霊の話

いわゆる、心霊スポットですが、個人的な印象として、増えているのではないかと思います。人口が減っている、つまり、亡くなる方が多いわけですし、人のいろいろな感情が出やすくなっているのだと思います。

強い霊の見分け方をお話しします。

怒っているとき、どよんとした感じがあると霊は強くなります。

大きい気配を感じることがありますが、それはエネルギーとして強く感じるのです。霊自体の生前の無念の強さではありません。その人自身の生前の霊の力です。つまりは、人としての力が強いと、霊としても強いのです。

巫女《みこ》やお寺の家系の霊祓いは大変です。これも生前の人の力が強いからでしょう。

霊が2~3体まとまることがあります。女性二人で行動する霊もいました。1体しか出ないということでもないのです。

霊との対話の流れですが、まずは「こんにちは」から始まります。当たり前のことですが挨拶は大事なのです。それからおにぎりとお水を置いて、自分に関心をもってもらいます。霊も私と話せることが嬉しいのか、警戒心を解いてくれることが多いです。

私が鑑定をしていて不思議なことといえば、生前のことを忘れる霊が多いです。

それも自分の名前を忘れる霊が多いのです。
基本的に霊は問いたことに答えてくれるのですが、なかには「答えられない」ものもあります。それは「向こうの世界に何があるの?」です。これには今まで出会ったすべての霊が答えてくれませんでした。みな、口をつむぐのです。これは霊の世界の取り決めなのかもしれません。

親族や友人で集まり故人の話をしていると、うっすらとその人の声が聞こえることがありますから、それを録音するのもよいかもしれません。三人以上集まってやるといいです。その際、蝋燭《ろうそく》を立てておくと、霊には目印となってわかりやすいでしょう。

あるお葬式にて、蝋燭が消えた瞬間にその方の顔がこちらに向いたことがあります。これも不思議な話です。

相談に来られた方が「自分の子供は霊が見えると言います」と言うのです。話を聞くと、そのお家に仏壇や神棚はありません。霊符もなく、地形からしても霊が出る根拠が見つかりません。私が力を込めてお母さんを霊視しても、何も見えないのです。

どの霊かわからない、それが一番困ります。どんな霊か、その理由は何か、どうすればよいか、がわからないのです。仕方なく、霊に取り憑かれたような霊符を書いて差し上げました。幸いなことにこの霊符でお子さんの霊障は止まったようです。

霊をたくさん見たいなら、マンションや集合住宅がいいでしょう。窓に見えるはずです。

子供の霊が見えたら手を振ってみてください。振り返してくれるはずです。

もちろん、病院も多く出ます。

またはテレビやスマホを消すときに霊が映ることもあります。テレビを消す瞬間を動画で撮るお客さんがいて、あるとき、テレビを消したら、画面にいっぱいにおばあちゃんの顔が映ったこともあります。

幽体離脱または体外離脱の話

これは「とても楽しい！」の一言です。霊視や霊との対話とはまったく違う感覚です。

ただ、浮いているだけなのですが、それが何とも不思議な感じなのです。

私が最初に幽体離脱をしたのは、高熱を出したときです。夜、目が覚めてトイレに行こうとしてふっと起きたら、幽体離脱してしまったのです。はじめはびっくりしましたがすぐに「あ、これが幽体離脱か」と驚きました。それ以外にも疲れが溜まったときや、金縛りのときに起きることがあります。

人（霊）だと思って撮ると、人魂《ひとだま》が映ることがあります。霊能力の違いによっては人魂として見えることがあるかもしれません。

オーブということもよく聞きます。私がよく行く岩手県の緑風荘ではオーブが肉眼でも見えます。

人魂、オーブの解釈ですが、人魂が霊になるわけです。

霊感のステップアップとして、初級では人魂が見え、レベルが上がると霊として見えてくるわけです。

霊を見えるかどうかの条件ですが、「怖い」と思うのが必要です。周波数が合うのです。

不思議な話ですが、怖がるほどにいっぱい見えてきます。素直に怖がることも必要なのかもしれません。

そういう私も、実は、10代前半は怖かったです。自分一人で対峙しなければいけなかったからです。

最後に、霊能力を上げるには、神社やお寺などにたくさん通うことも条件の一つとなります。

モノに取り憑く霊の話

石に取り憑いた霊の話

家に心霊現象が起こりやすいモノ＝霊が呼ばれやすいモノがあることがあります。霊が憑くから、心霊現象が起こるのです。

例えば、四角形とか長方形の鏡、人からもらったぬいぐるみ（人でも動物でも関係ありません）、人からもらったお守り（ときには呪いのものも……）、中古の本、中古のカメラ（心霊写真が撮れることが多いです。とはいえ、これは分解してみないとわかりませんが）、拾ってきた石。

依頼人のお子さんの具合が悪いといって連れて相談に来られました。薬を飲んでも、セカンドはもちろん、サードオピニオンでも何もわかりません。と、その子がコップをこぼしました。大量です。私はすぐに拭こうとしたのですが、どうもおかしいのです。というのは、明らかにこぼれた水の量は注いだコップの量よりも多いのです。

私はこぼれた水面に力を入れて見ました。すると、女性が濡れて震えているのです。悲しい顔で見ています。

私はお母さんに聞きました「ここ最近で川か海に行きませんでしたか?」と。お母さんが「ちょうど1か月前に家族で川に遊びに行きました」と答えたので、その子に向かって「河原で石を拾わなかったかな? その石、おにいちゃんに見せてくれる?」とお願いすると、ポケットから小さな石を出してくれました。私は「少しだけ預かっていてもいいかな」といって受け取り、供養させていただきました。

本に取り憑いた霊の話

本にも霊が憑きます。

私の相談者で何回も同じ部所を骨折する人がいました。

3回目の骨折で入院となりました。

仕方なく古い本を1冊持って入院したのですが、入院中に読んでいたら、最後のページに「右足骨折しろ」と書いてあったというのです。その隣には購入された方の名前も書いてありました。

退院後、買った古書店で聞いたら、「事故で亡くなった方が売り払った」と言うのです。

その本はお寺で供養していただき、家に持ち帰られたそうです。

日本人形の霊の話

初老の男性が1体の日本人形を持ってきました。人形が来てからというもの不思議な現象が起こり、それで私に相談に来たのです。

男性が私に「この人形と話せますか?」聞かれました。

私はその人形に魂があることを確認してから「できます」と答えて、その人形に「どうしたいのですか」尋ねました。すると、「お姉ちゃんに会いたい」と言うのです。

男性にそのことを確認すると、10年前に姉の古着で作ったもう1体の人形が実家にあるそうなのです。この子はそのお姉さんに会いたかったのです。

後日、お姉さん人形と一緒になったそうです。

ところで人やモノに憑いた霊を祓った後の霊はどうなるかというと、①消える、②他の人に憑く、③さまようかのいずれかです。

ですから、そこからちゃんとしたお葬式をしてあげるべきです。

これはお寺の方にご相談すれば話に乗ってくれるはずです。

生き霊の話

私には芸能関係の友人も多くいるのですが、そのうちの一人から相談されたことがあります。

ここ最近、具合が悪いというのです。それに、家の中に気配がする、と。

さっと動く女の影も見たと言います。「どうして女性だとわかったのですか」と聞くと「ツインテールだった」と言うのです。

私はピンときました。

実は、彼が私のところに来る2日前に、その髪型の女性が来ていたのです。

彼女は「私は俳優（＝彼のことでしょうが具体的には名前を言っていません）

と付き合っているのだが、いつまでも結婚の話が進まない。最近では連絡も来なくなってしまった」と言うのです。

これは妄想です。なぜ、お相手とお付き合いしているのかというと、彼がとある舞台に出演した際、彼女もスタッフとして参加していたのですが、閉幕後に彼から「お疲れ様です」と言われたそうです。彼女はこう思ったそうです「もう一度、彼から『お疲れ様です』と言われたら、それは付き合うことだ」と。結果、二度目の挨拶をされて成就したと思ったようです。

私は彼に生き霊《いりょう》お祓いのための術と儀式を授け、無事に霊障はなくなったそうです。

俳優はいろいろな方に注目を浴び、ときには憧れの眼差し、さらには恋心を持たれることもあります。本人のわからないところでそういった生き霊に憑かれることもあるのです。

他にもファンとなった親子の生き霊が俳優さんに憑いていたケースもあります。

役者さん同士での生き霊というのもあります。

とある俳優さんが舞台挨拶をした際に、現場に彼女（彼女も女優で活動しています）が来ていました。彼は「珍しいな」と思いつつ、感謝のメールを送ったそうです。すると、相手からは「私はそこに行っていないわ」と。彼女の生き霊が来ていたわけです。

俳優はさまざまな役柄、顔を持ちますから、その分、感じやすさもあるでしょう。ひょっとすると、今後はユーチューバーの方で生き霊について悩まされることが増えるのかもしれないです。

ある芸能人の方がオフィスに来ました。

彼の隣には霊が憑いていました。背丈が大きく体格立派な男性です。私が「どうされましたか?」と霊に聞くのですが、「生きてる」と。それしか言わないのです。

仕方なく私はそのことをお相手に伝えました。大きい男性の霊がいること、両腕が白く見えたことなどわかる範囲で言いました。

すると、どうやらその方の生き別れの父親らしいのです。離婚後はずっと会っておらず生死は不明だといいます。これは生き霊なのか亡くなった霊なのか、その場ではわかりませんでした。こういうケースは初めてです。

おかげさまで私はテレビで取材されることも多いのですが、毎回、霊が来てくれるとは限りません。

そういうとき、どうするか。

私はいくつか降霊の言葉を持っていますからそれを唱えます。ただ、コロナ禍《か》ではフェイスガードやマウスシールドを求められるのですが、私は断固拒否して、通常の布マスクをします。こうすると、呟いても見えないからです。30秒ほど時間が必要ですが、これなら安心です。

芸能人の方を見た際、それとなく降霊術を唱え、その方のおばあちゃんを降ろしたこともあります。お父さんを何も情報がない中で言い当てたときの驚いた顔が印象的でした。

芸能人の方々は人気商売です。必然的にやっかみなども受けます。注目を浴びているある方からこんな相談を受けたことがあります。

「人を呪ってほしい」

その方の目を見ると真っ暗でした。

私はこのような相談や依頼が来た際に頭ごなしに全否定することはしません。

呪いのデメリットもお話しして、それでもどうしても呪いたいというのであれば、あとは本人の責任です。

呪いの怖さを含めて説得もしますが、それでも、本当に呪いたい場合は教えています。

ただし、繰り返しますが、呪うことは呪われることです。それを忘れないでください。

最近の怪談話とお祓いの方法

iPhoneのSiriの話

あるとき、私のiPhoneのSiriが「死ねばいいのに」と言ってきたことがあります。Siriは現代の霊現象によく使われます。

お母さんと息子さんが相談に来られました。お父さんは亡くなられています。そのことを聞かれました。お二人はお父さんがあの世でも明るく元気に生きているか、私たちは元気だから心配しなくていいよ、いつまでも見守っていてねと言っています。その場でお父さんの霊は出てきませんでしたが、何と、そのことを言った途端に私のiPhoneのSiriが「ありがとう!」と言ったのです! もちろん、私は何もしていません。Siriが勝手に反応することがあるのです。このように、霊はいなくても、Siriが代弁することはあるのです。

そのほかにも、現代文明の機器というところでは、テレビに霊はよく映ります。消した瞬間にふっと出ることがあります。他にも霊が出るとパソコンが壊れるということもあります。

理由はわかりませんが、近くに電柱があると霊が集まりやすいのです。霊は電波が好きなのでしょうか。

このように、現代では霊が出やすい環境になったといえます。

霊は環境によって出てきます。

ある相談者ですが、実家の後ろがスーパーからセレモニーホールになった途端に、霊が見えるようになったというのです。しかもたくさん。毎晩うなされて、金縛りにも遭うと言っていました。

ある看護師の話です。

住んでいる部屋でエアコンの不可解な動作に悩まされていました。つけるとガッタンガッタンと大きな音を立てるのです。

業者に見てもらっても壊れてはいないと言うことでした。またあるときは急に玄関のドアノブがガチャガチャと回るのだそうです。

怖くなって相談にきましたが、住環境を見てすぐにわかりました。

その人が住んでいる部屋の、ちょうど真向かいにお墓があったのです。

井戸水の話

福島県の会津若松市にきれいな井戸があります。

子供が夢の中で、男性が大きなやしろを見た、祈っているというのです。その場所に行くと井戸があり、その井戸水を飲むと金運が上がるというのです。

山梨県のケースでは、湧水を飲んだら、数日後にお祭りの夢を見ました。そして気分が良くなりました。

ちなみに、祭りの夢というのはそれほど良い意味はありません。ですから、なおさら不思議な気持ちでした。

悪夢の話

悪夢に悩まされた方からの相談がありました。

ゲームの「零」のような感じで、古びた旅館にいて、どんどん中を進んでいくというのです。その奥の方に案内されるのですが、最奥部の部屋には着いていないと感じています。

ふと見ると、その最奥部屋から眼帯の女性が追いかけてくるのです。急いで逃げます。追いかけっこです。そして最後に触られます。

「つかまっちゃったー！」と叫ぶと、また別の古びた旅館に変わるというのです。

実はこの話、続きがあります。

このような悪夢を見た相談事例を私は同時期に複数名から受けました。それも12人も。北海道から福岡県、栃木県など場所もバラバラですし、12人の関係性、つながりもありません。ただ、唯一の共通項があります。それは、それまでしたことなかったのに、ふと神社にお参りをしたというのです。

これは神社にお参りして何某《なにがし》かの力を受けたのかもしれません。

私は特定の祝詞《のりと》をあげると良くなるとお話ししました。「泥魂《ぬるのみたま》」です。石上神《いそのかみ》宮のひふみ祓詞《はらえことば》をお教えしました。ひふみ祓詞はひふみ祝詞と同じ四十七音で構成されています。

ひふみ祓詞は「布留《ふる》の言」ともいわれます。

一二三 四五六七八 九十（ひふみ　よいむなや　ここのたり）
布瑠部 由良由良止 布瑠部（ふるべ　ゆらゆらと　ふるべ）

祓詞の全文も紹介しておきます。霊障を感じたときは一心に唱えてください。

掛介麻久母畏伎　伊邪那岐大神　筑紫乃日向乃橘小戸乃阿波岐原爾　御禊祓閉給比志時爾　生里坐世留祓戸乃大神等　諸乃禍事罪穢　有良牟乎婆　祓閉給比清米給閉登　白須事乎聞食世登　恐美恐美母白須

（かけまくもかしこき　いざなぎのおほかみ　つくしのひむかのたちばなのをどのあはぎはらに　みそぎはらへたまひしときに　なりませるはらへどのおほかみたち　もろもろのまがごとつみけがれ　あらむをば　はらへたまひきよめたまへと　まをすことをきこしめせと　かしこみかしこみもまをす）

京明流七五三縄によるお祓いの方法

あなたが苦手だと感じている人に会うとか、どこか不安に感じる場所に行ったりする場合、この方法を行ってください。

神棚に飾ってある七五三縄《しめなわ》や神社でいただくことができる小さい茅の輪などの端を少しだけ切り取ります。七五三縄は昨年のもので構いません。私も事務所に前の七五三縄を保管しています。もし、古い七五三縄がなくて新しいのを買って用意する場合は、祝詞を上げてから使用してください。

この切り取ったものを燃やして（火の取り扱いには十分注意してください）、灰にします。

この灰を和紙に包み、できれば体の中心部に巻きつけます。ポケットの中でも構いません。肌に近いところで持ち歩くのです。

その日一日が終わりましたら、感謝の念を伝えて、和紙に入れたまま、さらに黒いビニール袋など外からわからないようなものに入れて、しっかりと結んで、そのままゴミとして処分してください。

この灰は霊に取り憑かれた際にも役立ちます。灰を全身に振りかけて、それからお風呂に入りきれいに洗い流せば霊は取れます。

もし、灰を持ち歩くのが難しいという人ならば、丸鏡をヘソの部分に隠し持っておくのもよいでしょう。丸鏡は常に磨き上げることが大切です。そして一日使い終わったら神棚に置いてください。

私は勾玉を身に着けていますが、勾玉もお勧めします。

もし、一日身に着けて、その勾玉にお湯か水をかけて異臭がするようならば、それは霊を吸い取った証拠です。きれいに拭いて、神棚に捧げて、祝詞を上げて浄化してください。

先祖供養の話

水難事故の家系の話

ご家族が水死されるケースが多いという相談を受けたことがあります。

一人は浴槽で、もう一人は池で溺死されたといいます。

お墓の写真と家の写真、仏壇や神棚などたくさん材料を持参されたので、鑑定はスムーズにいきました。

ひと目でわかりました。

この方の墓札がカビていたのです。そして、おうちが海沿いでした。

カビは水分がないと発生しません、また家が海沿いという家系は水難事故が多いのです。

家を変えることはできませんので、私はすぐに墓札の交換と掃除、供養をしてもらうようにお話ししました。

脳梗塞の家系の話

脳梗塞《のうこうそく》になられた方が相談に来られました。その方の兄弟もＣＴスキャンを撮ったら、脳梗塞になりやすいことがわかりました。さらに家系を遡ると、五人も脳梗塞で亡くなられたというのです。

私は、可能な限りで、古い順番にその五人の方の先祖供養をお願いしました。

五人となるとかなりの月日がかかります。全員されるのに2年近くかかりましたが、見事に相談者の方の後遺症はなくなり、脳に影があると診断された弟さんも影はなくなったそうです。

特定の病気に罹患《りかん》しやすい家系というのはあるでしょうが、それでも、先祖供養によってそれを防ぐことはできるのです。

結婚できない家系の話

お子さんが女性しかできない、いわゆる養子でつなぐ家系の方からの相談を受けました。

鑑定をはじめると、その方の後ろに軍服姿の男性が見えました。背が高かったのが印象的です。

私は相談者に「戦争で亡くなった人がいませんか?」と聞いたら、「結婚が決まって、戦争に行って亡くなった人がいる」と言うのです。

供養をお願いし、その通り心を込めてされたら、お子さんが結婚されて、男の子のお孫さんも産まれたそうです。

このように先祖供養はとても強い力があります。

よく、出会い運がなくて嘆く人がいますが、そういう人ほど、ご自分の先祖供養を疎かにして、パワースポットめぐりや飲み会に精を出されます。が、それは意味がありません。もし、読者の中に同じように悩まれている方がいるのならば、パワースポットめぐりや飲み会よりも先祖供養をお勧めします。

先祖供養に宗教は関係ありません。ただ、方法が違ってくるだけです。

無縁仏のケース

先祖供養が難しいのは、無縁仏やお寺に骨壺を預けているケースです。これはできません。

お墓や仏壇がないとその霊が休める場所がありません。

特に仏壇は置かれなくなってきていますが、私はあえて「仏壇も霊にとってのお家ですよ」とお話ししています。立派なお墓だけでは意味がありません。

それと、お墓も仏壇も常にきれいにしておくよう心がけてください。

亡くなった人、霊はきれい好きです。

汚いところに行く霊、そこにとどまっている霊は供養されていない霊です。

ムカサリ絵馬の話

私がここ最近、気になり、研究しているものに「ムカサリ絵馬」があります。

「ムカサリ絵馬（ムカサリえま）とは、民間信仰による風習の一つ。山形県の村山地方や、置賜地方にかけて行われている。ムカサリは「迎えられ」からくる結婚の方言。嫁に迎えて去ることからこう呼ばれる。元々は婚姻していない男性を供養して半人前の状態から一人前の状態にするという親心が動機になっていると歴史学者の佐藤弘夫は説明している。供養の対象となるものには研究によって差異があるものの、未婚の死者であることが多数を占める。」

（出典：Wikipedia「ムカサリ絵馬」項より〈https://ja.wikipedia.org/wiki/ムカサリ絵馬〉）

「むかさり絵馬」

江戸時代より最上川沿い（最上地方）に伝わるあの世での結婚式の絵馬の事。

交通事故・戦争・病気・水子等の理由で結婚せず亡くなった子のため、親や兄弟又は親戚の者が描き、供養する。しかし、最近は絵馬師に依頼する方も多く、合成写真も現れた。勿論相手は架空の人物で、せめて来世で幸福になってほしい。そして、今度は健康で長寿をまっとうできる人として生まれ変わるように・・・という親の深い願いが込められている。又、昭和以前の絵馬は、現世で果たせなかった夢を描いたものが数多く残っていて、観音堂が重要文化財に指定される迄、御堂の四面に重なるように掛けられていた。その後、元三大師堂下に安置、昭和六十三年絵馬堂を建立し、絵馬を修復し整理した。

現在は約千三百体以上あり、近年供養中の絵馬は本坊（祈祷所）に安置する。」（鈴立山和松寺ホームページ「むかさり絵馬」項より〈https://www.wakamatu-kannon.jp/ema.html〉）

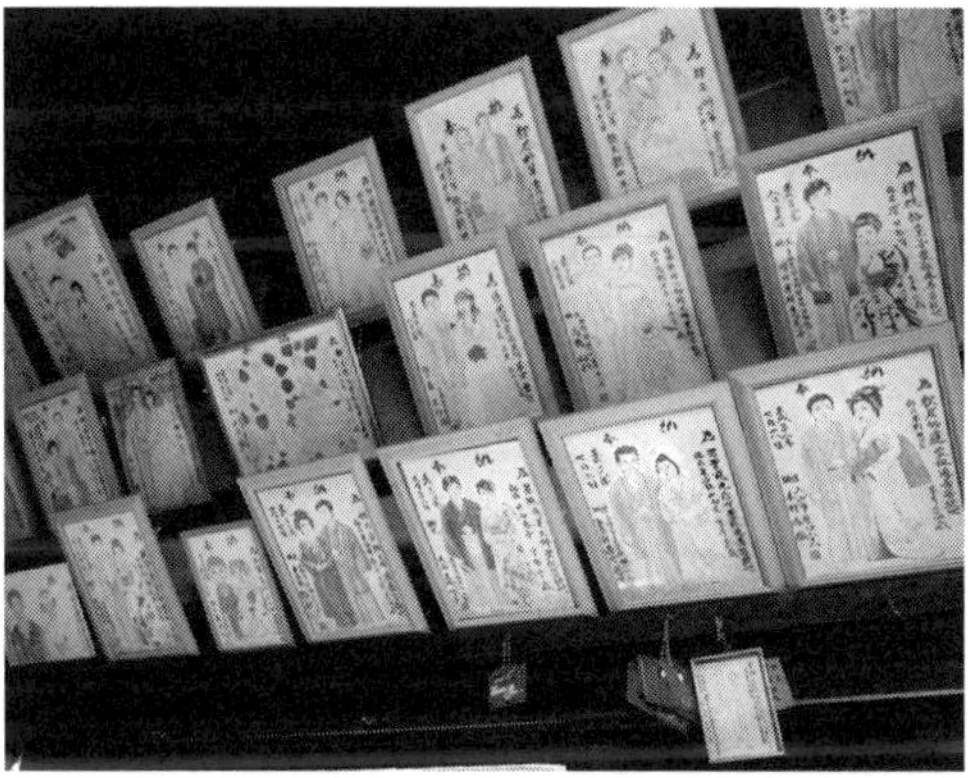

ムカサリ絵馬「出典：若松寺ホームページ掲載写真より」

ムカサリ絵馬の絵師さんもいます。その中で特に私が注目、応援しているのが高橋さんです。

髙橋知佳子《たかはしちかこ》さんは29歳のとき、実家にいた日本兵の霊（大叔父）のムカサリ絵馬を描き、奉納されたそうです。その感動が忘れられず、32歳で絵師となり、今もムカサリ絵馬絵師として活動されています。

これは私が鑑定したケースではありませんが、自殺された息子さんのお母さんから聞いた話です。

若くして亡くなった息子を思い、お母さんはムカサリ絵馬をされたそうです。

それまでも夢の中で何度か息子さんに会ったことがあるそうですが、夢の中の息子さんはまったく笑わなかったそうです。

ところが、ムカサリ絵馬をされた日の夜、夢の中に出てきた息子さんがすごく怒っているのです。それでもお子さんが一人だけではかわいそうだと丁寧に続けました。

その2週間後、また夢の中で出てきた息子さん、なんとニコニコ笑顔なのです。さらにその1年後、女性と手をつないで出てきました。しかも、その女性は、ムカサリ絵馬の女性だったのです。ムカサリ絵馬で霊的結婚が果たされたのです。お母さんは息子さんの笑顔と晴れ姿に涙したそうです。

そして話はこれで終わりません。それからさらに3年後、息子さんとお嫁さんが双子を抱えて出てくるのを夢見たのです。息子さんが「双子、育てるのは大変なんだよ」と照れながら笑っていました。結婚だけでなく、お子さんも！　私はそこから、がぜん、ムカサリ絵馬に興味を持ったのです。

ムカサリ絵馬の話を続けます。

焼身自殺をした息子さんを思い、ムカサリ絵馬をされたお母さんがいました。最初は「熱い熱い！」と怒っていましたが、2回目ではおだやかな表情をされていました。そして、三度目ではお子さんを抱えて出たそうです。

また別のケースです。

バイク事故で不慮の事故死をされた息子さんがいました。ご遺体はかなり損傷が激しく、直視はできなかったそうです。それでも、ムカサリ絵馬をされました。すると最初の夢は、まさに事故当時のぐちゃぐちゃなグロテスクなシーンでした。それを2、3回見たそうです。お母さんは悲しまれたそうですが、それでも息子さんを思い、続けました。するとその後、お葬式の夢を見て、それからは事故前のきれいな顔、つまりムカサリ絵馬に描いた息子さんのお顔となって出てきてくれたそうです。

これまでは男性の方へのムカサリ絵馬でしたが、女性のケースのムカサリ絵馬もあります。

娘さんを亡くされたお母さんがムカサリ絵馬をされたそうです。そのご家庭では小さい頃から、お母さんが何かと娘さんに干渉しては物事を決めていたそうです。初日、夢に出てきた娘さんはとても怒っていました。「お母さんはいつも私の気持ちを知らずに勝手に決めている！　ピアノの習い事とかもそう！　どうしてそういうことするの！」と。それでもお母さんは続けました。二度目も怒られました。ですが、3回目で「紹介したい人がいるの」と言って男性を連れてきたのです。しかも、そのお相手のお名前はお母さんがムカサリ絵馬に書いた名前でした。見事成就されたのです。

ちなみに、これも私の統計から言えることなのですが、みなさんに「神社とお寺のどっちが好きですか？」と聞くと「お寺の方が落ち着く」と答えた方が六割でした。ご先祖様に会いに行くのがお寺で、願いを叶える場所が神社なのかもしれません。

また以前、イタコさんで有名な恐山に行き、そこでムカサリ絵馬とは違う人形婚を見たことがあります。こういった儀式は名前や形を変えて日本全国にあるのかもしれません。私はムカサリ絵馬をこれからも残していきたいと考えております。

恐山のイタコさんも弟子は取らずにこのままだとなくなってしまうと聞きました。恐山としてのイタコはできないでしょうが、私は今後、教えている陰陽寮の中でイタコを養成していきます。

神社・おみくじ・お稲荷さんの話

私がお勧めする神社

神社の話が出ましたので、私が年に数回お祓いしてもらっている神社を紹介したいと思います。

それは、東京都新宿にあります、稲荷《いなり》鬼王《きおう》神社です。

稲荷鬼王神社
出典：東京都神社庁より
＜http://www.tokyo-jinjacho.or.jp/shinjuku/5427/＞
所在地：東京都新宿区歌舞伎町 2-17-5

何と、ここは鬼を祀《まつ》っているのです。日本でここだけではないでしょうか。とても力が強い神社ですのでお勧めします。

神社に詣でる際に一番大事なことは、嘘偽りを言わないことです。神様はすべてお見通しです。隠し事が最も失礼なことです。ですから、ご自分の願いをありのまま素直に伝えてください。そして感謝をしてください。

神社といえば、鑑定では相談者に取り憑いている霊が来ないケースも多々あります。

私の力におそれをなして憑いてこないのです。

そういうとき、私は「神社に行ってご神鏡を見てください」とお話しします。そこに映るのです。映るだけはなく、丸いご神鏡は怨霊を弾いてくれます。四角形または長方形だと映すだけですから注意してください。

オフィスに相談に来られた方で、その場では霊が出てこずお祓いできなかったのですが、その後、神社に行きご神鏡を覗くとそこに苦しまされていた霊が映り、祓うことができたと報告を受けたことがあります。悪霊も映りますから。霊障に悩む方にはお勧めです。

私も普段からご神鏡は持ち歩いています。

本書後半で私が普段持ち歩いているものを紹介しますのでそちらもお読みください。

おみくじの話

一般に、おみくじは四節に分かれていて、それぞれの見方があります。

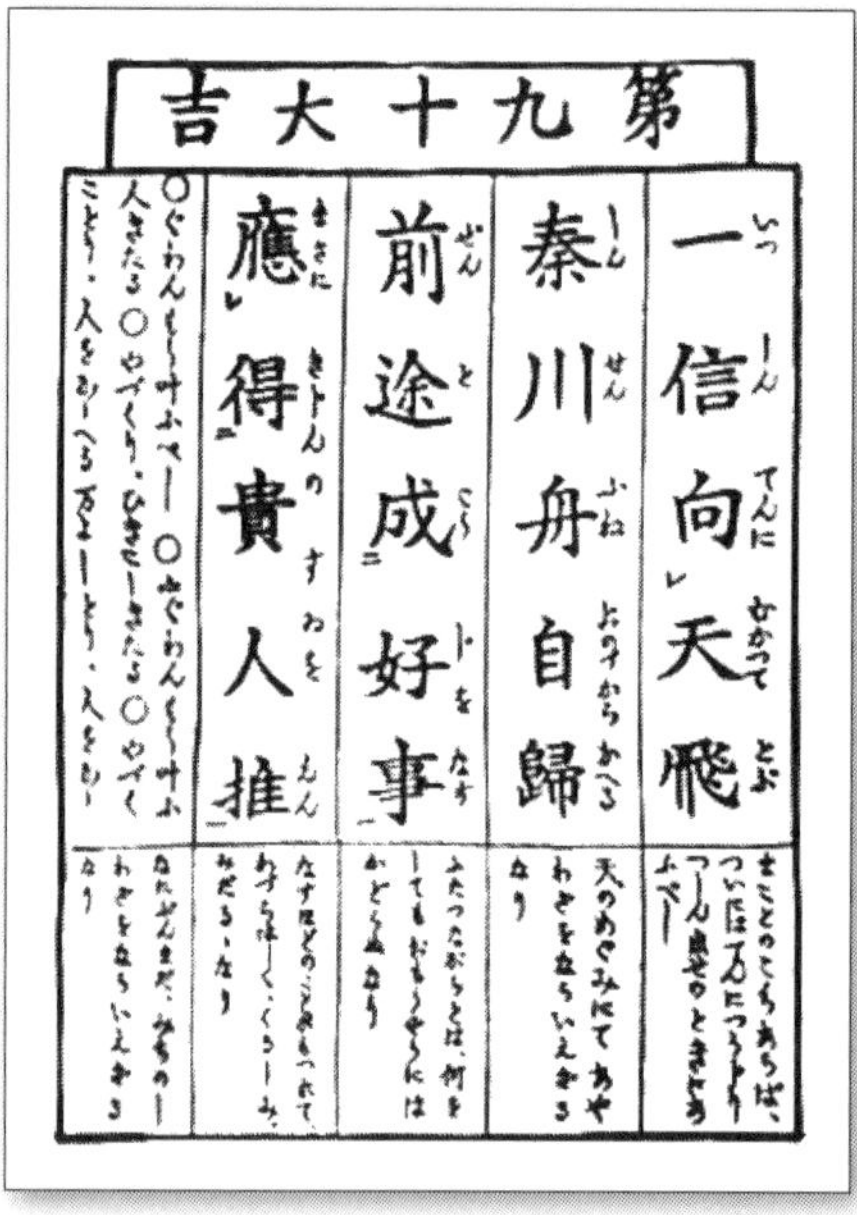

①　②　③　④

開いて一番右(①)はその人の15歳までの運勢です。その隣、つまり二番目(②)は30歳まで、三番目(③)は45歳まで、一番左、四番目(④)は45歳以降といったものです。

おみくじの吉凶割合は決められています。

上から順に大吉が17本、中吉が36本、小吉が7本、半吉が4本、末吉が6本、そして凶が30本。これで合計100本となります。

この本数は966年に慈覚大師《じかくだいし》が作り定めたといいます。

おみくじにはいろいろなものがありますが、黄金のおみくじというものもあります。私は京都八坂神社で引きました。

悩みがあるときはおみくじを引いてみるといいでしょう。全体運というよりも、恋愛とか仕事とか金運とかピンポイントでお伺いを立てるべきです。おみくじには悩み解決のヒントが記されていますから、丁寧に読んでください。そして、その悩みが解決したら次のおみくじを引くわけです。

どの神社でも引いていただいても構いませんが、やはりご自分の氏神様のおみくじが一番よいと思われます。

おみくじはお守りではありませんが、大吉ならば縁起担ぎで持って帰ってもよいでしょう。それ以外は枝に結んでください。

「おみくじを引いたけど、大吉だけど良くならない！　当たらない！」という人がいますが、それは全部を見てしまっているからです。もしくは、何も考えずに引いたかです。おみくじに答えは書いてありますし、ちゃんと心に願って、考えて引けば、当たります。

１００％常に絶対に当たる！　とはいえないでしょうが、私の統計では82％ぐらいで当たります。それでも十二分にすごいことです。

また、「大吉を引くと、かえって良くない」というのは俗信です。ずっと大吉を引くこともできます。日頃から感謝の念を持っている方や「ありがとう」を言葉に出している方は大吉を多く引くのではないでしょうか。その反対に「疲れた」や「いやだ」などのネガティブな気持ちが口癖では凶ばっかり引いてしまいます。

いわば、おみくじは今の自分の運気バロメーターなのです。運が上がっているか、下がっているか。悩みは特になくても「今の私の運勢を見てください」と心に念じておみくじを引き、運気を見るというのもありです。

ちなみにこれも私のデータからいえるのですが、おみくじの吉凶と四柱推命のバイオリズムはシンクロしています。

おみくじを引く限度ですが、月に3回ぐらいでしょうか。8日の節入りごとに引くのをお勧めします。ただ、その干支のカレンダーとも連動していますので、良い日に引くとよいでしょう。

ところで、なぜ月に3回が限度かといいますと、おみくじは「今」のことを見るわけですから、1年間は持ちません。お正月に引いて大吉だった、それが今年一年の運勢ということではありません。その効果は10日ぐらいが限度です。ですから、月に3回なのです。

このようにおみくじは身近な存在ですので、ぜひ、活用してください。

私もよく引きます。おみくじを引いてバロメーターの確認をしています。

そして、吉以下ならば日頃の行いを反省し、改善すべきです。

運が良い人は、行動の前に情報を集めますが、運が悪い人は、すぐに行動してしまうのです。それでは闇雲に進むだけで崖から落ちてしまいます。そうではなく、おみくじを引いて、五文字の指針を読み、どう動くかを理解すべきなのです。

最後に、おみくじに特段の作法はありません。ただ、その神社にお参りをした後に引いてください。ドラフトなどのくじ引きで右手で引くか左手で引くか、と話題になりますが、右でも左でもどちらでもよいのです。

私は天気予報も占いも同じだと見ています。運勢予報がわかれば対策はできるはずです。1年後、2年後の運勢予報を見て考えて行動しないと、その人の人生は終わってしまいます。

私の信条として、悪いところやデメリットを避けてあげるということです。運勢予報で先がわかるからこそ、そのための備えをお伝えしているのです。

一発逆転の運気を願う人がいますが、それは間違いであり、無理な話です。

運の良い人は普段の生活にそのすべてが出ています。昨日今日、急に運が良くなったのではありません。まずは家の中の上座《かみざ》と下座《しもざ》の原理があり、それを理解し、実行してから次のステップへと進みます。単純に運だけを上げることもできますが、仮に運だけを上げても中途半端にしかならないのです。

お稲荷さんの話

お稲荷さんは不思議な存在です。私が10回参ったら9回はその日の夜中に日本語ではない何かを喋っているのが聞こえました。そして不思議なことにその声が聞こえると私の願いが叶うのです。小さい頃からずっとそういった体験をしてきました。今なら神様の使いの声であり、有り難いことだとわかるのですが、25歳までは怖かったです。

お墓参りの方法

お墓をたんなる石やモノだと思う人がいますが、それは間違いです。お墓は「人」です。ですから、たわしでゴシゴシと力強く洗うのはよくありません。私達だってそんなふうにされたら気持ちよくはないはずです。お墓、霊も同じことです。

私がお勧めするお墓の掃除の仕方をご紹介します。

まず、たわしやブラシではなく、手のひらで優しくきれいに撫《な》でて洗ってください。そうすると健康運が少しですが回復します。

それから、天然水をかけながら、白いタオルで拭き取るのです。

拭き終えたら供物を上げてください。

線香を焚《た》く場合は敷地の外でやってください。蝋燭からつけることを忘れずにしてください。

敷地内でやるのは家の中、庭で焚火をされるようなものです。

お墓参りに最適なのはその方の月命日です。8日に亡くなったのならば、8のつく8日、18日、28日などです。

私はいつも言っているのですが、お墓参りに行かない方は運が悪い方です。お墓参りは人生においての基本的なことです。それができていないのならば、運が上がることはありえません。

10代前の先祖は千人超え、20代前は百万人超えです。それぐらいご先祖様は数多く、かつ、大切な存在なのです。

コロナ禍でお墓参りに行けない場合、地元にいる親族にお願いしましょう。お金を送って「お花代で」でもいいですし、何らかの方法はあります。

運が悪い人の特徴は「わからない、できない、やったことがない」と言うのです。行動に移さないから、何事もできないのです。家でできないものは外でもできません。どうしても親族がいない場合は、代行屋さんや便利屋さんを頼むべきです。それだけでも違います。

占い師と名乗り、人を助ける仕事している人こそ、自分の過ちをなくすためにもお墓参りを念入りにすべきです。それができないなら占い師として活動してはいけないと思います。また、人にできないことを他人に強《し》いてはいけません。

繰り返しますが、基本はお墓参りにあります。何か気になったら、お墓参りと覚えておいてください。

一般にいわれている数多くの開運方法にはメリットもデメリットもあります。私はすべての基本であるお墓参りをちゃんと行うことで効果を出やすくなると考えています。
こんなことを言うと、「忙しいから（できない）」という人がいるかもしれません。ですが、365日休みなしで働いているぐらいに多忙である私でもちゃんとお墓参りをしています。「忙しい」は言い訳にもなりません。
みなさんも年に1回はご先祖様にご挨拶をすべきです。

お墓参りをすると心が清々しくなれるし、優しくなれます。みなさんに実践してもらいたいです。私も月に1回は地元の甥っ子にお願いしています。

お墓の敷地をコンクリートで固めてはいけません。それではご先祖様が呼吸ができないです。コンクリートにしたい人の理由として、雑草が生えるのが嫌だと言います。ですが生えたら、抜けばいいです。雑草が生えるのは、ご先祖様のエネルギーが出ている証拠です。生えない方が怖いです。

ご飯を食べに行くのもよいです。お墓参りは親族一緒でやることが多く、そういうときは、ご飯を一緒に食べて、故人の話をすることで霊も喜びます。これが大事です。不思議なことに、こういった場合、コップやお箸が一つ多く並べられることがあります。

ユーチューブでも活動しているとお墓の相談をよく受けます。

お墓には夫の墓、妻の墓と二つあります。

こんな相談を受けました。ご存命中の夫は妻のお墓と入りたいというのですが、既に亡くなられて霊となった妻は拒否をしているのです。

私は鑑定において「こうしなさい」と強く言うことはありません。

そのときも2パターンお話ししました。つまり、妻のお墓に入るパターンと夫の元々の先祖の墓に入るパターンです。

夫は妻と一緒になることを強く話されるのですが、霊となった妻が「あの人は外面《そとづら》がいいだけ」とか「仏壇にご飯もちゃんと上げてくれない」と愚痴《ぐち》を私に言ってきます。

どちらのお墓はさておき、私はやんわりと「仏壇にちゃんと手を合わせていますか？　奥さん、寂しがっていますよ」とお伝えしておきました。


これとは逆のパターンもあります。

夫婦共にご存命なのですが、奥さんが旦那さんのお墓に入りたくないというのです。

お二人ともお元気なわけですから、私は「そこまで無理やり入らなくてもいいのでは」とアドバイスさせていただきました。

とはいえ、別々のお墓ではかわいそうですから、「もし、旦那さんが先に亡くなられたとしたら、奥さんのお墓の住所、登記簿ですね、これを入れてあげください。奥さんが先に、であるならば、その登記簿を旦那さんにお渡しください。こうすればお互い、すぐに会うことができます」

何度も繰り返しますが、地面をコンクリートで固めたお墓はやめてください。

そして、お彼岸に合わせてお墓参りを家族旅行のようにして、行事の一環として楽しんでください。ご家族皆さんの大切な思い出になりますし、ご先祖様の霊もとても喜びます。

仙人・神様の話

本当の仙人の話

私もこれまでに数回ですが仙人にお会いしたことがあります。

ある日、突然、オフィスに仙人が来たのです。スーツ姿でヒゲが整えられて長いのが印象的でした。

この仙人、新宿では浮浪者として有名です。

ある人がたまたま仙人と出会い、霊符を書いてもらいました、その霊符を持って宝くじを買ったら、1等が当たったというのです。当選金も使い果たした1年後、再度、仙人に出会い、また霊符を書いてもらい、今度は前後賞も当たったというのです。

その仙人ですが、「なぜ、私のところに来られたのですか?」と聞いても「あなたに会いたくて(来た)」と答えるのみです。仙人は私の顔をまじまじと見て、日常の会話をして、出ていきました。

他にも私の知り合いの宮司さん三人が仙人と出会いました。場所は浜辺です。仙人はいきなり「海を割るよ」と言って、その通り、一瞬、海を割ったのです。その光景を三人が見たのです、幻覚ではありません。体感的には3秒くらいでした。

東京新宿の仙人の他に、九州の方にもう一人いる、らしいのです。「らしい」というのはその仙人から聞いただけでお会いしたことがないからです。

正直、私も仙人に会う方法はわかりません。まったくもって、謎の存在です。

神様の声を聞く話

神様の声が聞こえるお客さんがいました。62際の女性です。

伊勢神宮に詣でて、その周囲含めて清掃し、きれいにして帰ったら、ある日「私に従え」という声が聞こえたというのです。病気かと不安になりましたが体も心も頭も正常です。ですが、「私に従え」とう声がずーっと声が聞こえます。あまりにしつこいので、その方が「はい」と答えたら「いついつに伊勢神宮に来い」と畳み掛けられたそうです。もちろん、その方は言われた通りに行動しました。

また別のケースでは34歳の女性が近くの神社で奉仕活動を熱心にされていたそうです。あるとき原因不明の病で体調が悪くなりました。すると、「神社に来い」と声が聞こえたというのです。どこの神社かわからずに違う神社に行こうとしたら「違う、そっちじゃない」と。その誘導を経て、お導きの神社に行き、参拝したら病気が治ったそうです。

さらに他にも神道界隈では有名な話があります。ある年輩の女性がいます。この方、特定の宮司は知っている方です。なぜかというと、その人が神社に行き、勝手に祭具などを動かすのですが、動かすとそこに物が倒れてくるのです。その女性は「それをこっちに」と聞こえたそうです。祭具を守ったのです。

神様の声を聞いたケースは他にもあります。
私が知る限り、鑑定で10人ほどいますが、すべて女性です。共通点としてはみなさん神社に対して篤《あつ》い思いを持たれていることです。そして、みな、「私に従え」

と言われたそうです。それに従わない間は延々とその声が聞こえるというのです。最終的には「はい」と答えて従うそうです。

このように、神様の声は女性には聞こえて男性には聞こえません。その理由は、私にもわかりません。

神の声を聞くと物欲などの欲望がすべてがなくなってしまい、すべて投げ捨てで洞窟で修行すると聞きます。そうなると仙人になるのでしょう。私はまだ神の声を聞いたことはありませんが。正直、聞くことはないと思います。

表立ってではありませんが、私はお寺のつながりでお仕事を紹介してもらうことも多いです。お寺のご住職でも祓えないものを受けさせていただきます。

仏具や霊符を供養して納めたり、供養されたら涙を流す仏像（観音様）であったりなど、私自身が驚くことばかりです。

晴明紋

病気の話

家庭内における病気の話

上半身がやられる方は先祖供養を怠る方が多いです。

交通事故や急な事故などは祀り漏れの霊によるものです。

最近ではあまり見なくなりましたが、庭に灯籠《とうろう》や石の灯りを置くと悪い病気、上半身の病に冒《おか》されることがあります。

胸から腰までの病気は両親の離婚や不和があることに起因します。または家庭内の下水トラブルでも出やすいです。

腰から下の病では、その家系に中絶や流産をした人がいることがあります。三代内に変死がいると足を悪くする人が多いです。相続運が悪くなると腰から下が悪くなります。

これらはすべて先祖供養を疎かにしているからです。もし、身体の異常や異変に気づいたのならば、すぐにでもお寺やお墓に足を運ぶことが大事です。それをやることで本当に運気が変わります。

病気が治った話

相談者のお兄さんが癌《がん》のステージ3と診断されました。涙ながらにお願いをされ、鑑定時間内にできることは何でもやりました。術や霊符書きなどです。ご本人は入院されていますので直接の秘伝は使えませんでした。それでも術が効いたのかお兄さんは持ち直してきました。経過観察となってからも、お兄さんが直接来られ、見たこともあります。

末期癌の相談者から「最後に先生にお会いしたかった」と言われたこともあります。「死ぬことが怖いです、どうしたらいいですか?」とか「あの世はどうなっているのですか?」と聞いてきます。私としてもやれるべきことはやり、それでも助けられないケースはあります。医療関係者ではありませんが、生と死をたくさん見てきました。その辛さは言葉にできません。最終的には相談者に何もできない自分もつらいのです。それでも、鑑定を続けることが大事だと思い、日々、相談を受けております。

人が亡くなるときの話

亡くなる1週間前ぐらいに「迎えが来た」というのがほとんどです。急に来ることはありません。昔の話、両親やおじいちゃんおばあちゃん、親類の話をよくするというのは、近くにいて見えているからなのかもしれません。

私が福島県の郡山市で開業したとき、10番目くらいのお客さんは若い女性でした。彼女は末期癌でした。「私（橋本京明）がどういう人か気になって、来ました」とのことでした。それまでが恋愛や家庭問題だったので、急にこのような相談を受けて驚きました。限られた時間の中で細かく鑑定をしたのですが、何もできませんでした。鑑定後「ありがとうございます」と仰ったのがいつまでも心に残っています。亡くなられた後、月命日には供養を続けさせていただきました。

遺影の話

姪っ子から急にＬＩＮＥが入りました。

「ひいおばあちゃんから『美顔器が欲しい』」と夢の中で言われたというのです。

姪っ子と甥っ子は夢の中で霊と語る能力が長《た》けています。

私が「どうして?」と聞いたら、「夢の中で母が毎日使っている美顔器、ローラーを私も使いたいんだってさ」と。

ローラーを購入して遺影の前にお供えしました。

夢の中でおばあちゃんがマッサージしていたそうです。

同じようなケースがあります。

私の相談者で美顔マッサージをやっている人がいましたが、その方の霊が「私もやりたい」訴えてきたこともあります。1回使ったら、遺影や仏壇に置いてくださいとアドバイスしました。

その後、美顔器を使って喜んでいる夢を見たと聞きました。

霊は生きている人が楽しんでいるのを見て、羨ましがることが多いのです。

霊、特に女性の霊は櫛《くし》（ブラシ）を欲することが多いです。生前愛用されていたものや新商品をお供えしてくださいとお伝えしております。

その一方で男性の霊は食べ物をねだることが多いです。

生前のその人の好物を言うことが多いです。

一人だけ、髭剃《ひげそ》りを求めてきた霊がいました。亡くなった際に髭を剃ることができずに気になっていたというのです。私はその旨をお伝えし、相談者は言われた通りに仏壇に髭剃りをお供えしたのですが、すると、髭を剃った端正なお顔で夢の中に現れたというのです。

満足している霊は何も言ってきません。何か不満やして欲しいことがあるから言うわけです。霊を大切な人だと思えば、その願いは叶えてあげるべきことだと思いませんか。

私が見て話せる霊の六割ぐらいは、何らかの話をします。つまり、六割は不満があるのです。繰り返しますが、みなさん、ちゃんと供養されていますか。

おかしな言い方ですが、霊が腐っているということもあります。

これは、ちゃんとご飯を上げていないからです。そうすると自分にも不幸が来ます。ご飯を毎日上げることが大事です。

遺影も大事ですが、過去帳《かこちょう》（家の故人名前（俗名）と戒名《かいみょう》、没年月日、死亡年齢などを記した系譜（帳面）のことです）も、とても大事です。過去帳が引き起こした霊供養の話を紹介します。

五人家族の方がいました。あるときを境に、全員が同じ夢を見るというのです。それは火傷をする夢です。家が火事になり、みな「熱い！　熱い！」とうなされるのだそうです。菩提寺《ぼだいじ》に行き、お坊さんにその話をして家系を遡っても火事については何もわかりませんでした。

それを踏まえて私のところに相談に来られたのです。私が占術で見ると、「仏壇」と「紙」が出てきました。これは過去帳のことだと思いました。

「過去帳はどうされていますか?」と確認をしました。

すると「この前、新しくしました」と言うのです。

私はこれだ! とわかりました。

さらに詳しくお聞きすると、どうやら以前の過去帳は誤ってジュースをこぼしてしまい、仕方なく破いて、庭で燃やした(相談者の方は「お焚き上げをしました」と仰っていましたが儀式や供養はされてなかったようなので、これはたんに燃やした、ということです)と言うのです。

過去帳も長く使っていると、霊が入ることがあります。普段、熱心に供養されているこのご家族だったからこそそのことなのかもしれません。

私は今ある過去帳の供養の方法をお伝えしました。

それは、射水《しゃすい》です。射水杖と呼ばれる木の棒で、射水器から少し射水用の香水を取り、撒くのです。

合わせて、お勤め本も読んでいただきました。

これを10日ぐらい行っていただくと夢の霊障はなくなったそうです。

過去帳といえば、私がまだ中学2、3年の頃に同じようなケースがありました。近くのお寺の住職が亡くなり、誰も継がなく、廃寺となりました。そこには過去帳がありましたが、お寺の整理の際に、関係者が誤って燃やしてしまったというのです。すると、檀家《だんか》さんが夢で「熱い！　熱い！」とうなされるのです。

私はまだ陰陽師として活動をしてはいなかったのですが、その力を聞きつけてか、相談されました。私は何をしたわけでもなかったのですが「紙が燃やされたから供養したほうがいいよ」と答えました。

周囲の大人はびっくりしたようです。

急いで調べると過去帳が焼失したことがわかりました。

新たなお寺を探し、そこで丁寧に供養をしていただいたそうです。

ただ、それには1年半かかりました。

仏壇に供えるものはどれも大切なものだということです。

ちなみに、仏壇を新しく買い換えたい場合は、魂入れが必要となりますので、菩提寺に相談してみてください。

名前の話

名前とは「呪い」です。こういうと驚く人がいるかもしれません。でも、よく考えてみてください。その名前には親の勝手な願望や願いが込められているわけです。

また、これは占いや術を学んでいる方には当たり前のことですが、名前と生年月日があれば簡単に呪うことができます。それぐらい、名前は強いのです。

名前が良ければ、それで食べていけます。

私がお勧めしているのは、名前に母音（あ・い・う・え・お）全部入るものです。

徳川家康（とくがわいえやす＝お・う・あ・あ・い・え・あ・う）、橋本京明（あ・い・お・お・い・お・う・え・い）、です。

または同じ母音が四つ以上入るのもよいでしょう。

男性はこの二原則をよく考えてください。

では、女性はどうかといいますと、そこまで必要はありません。

なぜなら、この二原則が当てはまると社会性は強くなりますが、その反面、恋愛や結婚・家庭などが弱くなるからです。

例えば、歌手の安室奈美恵さん（あむろなみえ＝あ・う・お・あ・い・え）などです。

母音が持つ力と意味をお話ししますと、

あ＝頭脳
い＝集中力
う＝行動力

え＝カリスマ性

お＝流行

です。

特に「え」のカリスマ性は持って生まれたものですから、「あいうお」が揃ってはじめて意味があります。「え」を除いた「あいうお」で作られてもよいかもしれません。

名前というと漢字の画数を考える人がいますが、画数ではなくて母音が大事です。それを忘れないでください。

鑑定していても感じていますが、いわゆるキラキラネームで成功した人を見たことはありません。東大合格者でもキラキラネームはいないのです。名前負けといいますか、よくない名前は命式も悪いことが多いです。

たまに「呪」の文字を持っているお客様がいます。当然、運が悪いです。ふざけ半分でもそんなことをしてはいけません。良い言葉と良い行いが守護霊を喜ばせるのです。

名前と霊供養の関係ではとても不思議な話があります。

既にお話ししましたが、霊は名前を忘れることが多いです。私に聞いてくることもあります。

「自分の名前、何ですか?」と。理由はわかりません。

私が「お名前を教えてください」と聞いたら、なぜか戒名を答えた人もいました。

引越しやお金、モノの話

物件の見方

引っ越しについてもお話ししますと、私の考えでは、引越しで方位を気にする必要はありません。

ただ、いわゆる事故物件は大通りから見て2軒目が多いのでそれは避けてください。

奇数が神道で偶数が仏教だからです。

2、4、6、8は避けるべきです。私の統計上、八割は当てはまります。
例えば、同じマンションで亡くなる事故物件がありましたが、部屋番号が2033とか2004でした。

また、大きな地図で焼き場やお寺、神社、お墓などを直線的に結ぶ通り道も避けるべきです。それらの交差点は事故多発地帯です。

ゴミ焼却炉も焼き場と同じ意味があります。
私が鑑定したケースで、霊が出る家があるのですが、周囲の環境をよく見ると、焼き場と自宅内ゴミ焼却炉の間に住居があったのです。
これも焼き場↓住居↓ゴミ焼却炉で霊が出やすくなったのです。

不思議なことに、霊は炎やゴミの集まるところに行きます。

お線香も霊が出やすいです。

これは私のおばあちゃんに教わりました。

本当に霊を呼び寄せるのか実験をしたことがあります。

大広間の端と端に線香を立てると、その間にさまよっている霊が出てきたのです。

またこれまで事故など何もないところに線香や花束を置くと、霊の間で噂が広まり、霊が本当に集まってきたこともあります。とはいえ、遊び半分で霊を呼ぶことはやめましょう。気になる人は、槐《えんじゅ》の鉢植えを置いてください。置き場所は、霊の通り道と思われる2か所です。それ以外にも気になる場所に置いていただいても構いません。槐の鉢植えは他の観葉植物同様に、大切に育ててください。

引越しの話のついでに物件についてもお話しします。

良い物件は良い人を待っています。家相が重要です。築年数や玄関に入る正確な方角が重要です。値段ではなく方角です。

オリンピック選手などは家相がもともと良いです。

良い家相で暮らし、努力しているからこそ、運が上がるのです。才能は努力であるといえます。

どよんとした人はどよんとした物件を手にしてしまいます。

よくお客さんに「西に黄色のものを置き、東に音が出るものを置くと効果が出ると言われます」と聞かされますが、それは私達の業界では幼稚園生レベルの話です。

金運の上げ方

いわゆる金運についてもよく相談を受けます。

お金に苦しむ人の多くは「やりくりが大変です」と言いますが、それは根本的な改善が難しいからです。現状、いろいろと工夫してがんばってきたわけですから、やりくりだけでは何も生みません。金運を上げるためにも、収入を上げるしかないのです。

といっても、いきなり大金を得るビジネスなどありません。自分ができることをこつこつと進めるべきです。

私もよくお話ししますが、例えば、「転売ヤー」はいけませんが、転売という行為自体は新たな収益源の一つとなります。現場を見据えての収入アップまたは収入源の発掘が大事なのです。

私は金銭欲や物欲がほとんどありません。

カバンも同じものを壊れるまで愛用しています。

身なりに関してはテレビやネットに出ること、人目につくことを考えて気を使ってはいますが、それでも全身高級ブランドで身を固めるなんてことはないです。

強いて言えば、勾玉集め、でしょうか。これは護身の意味もあるので必要経費だといえます。

高級料理店や高級食材にもあまり興味は湧きません。

食べ方がわからずにかしこまるよりも、自分の家族や友人、大切な人達と仲良く話し合いながら食べたいのです。

以前にもお話ししたと思いますが、私は報酬をちゃんといただきます。

本物の霊能者はちゃんとお金をいただきます。そうしないと自分の命を取られかねないからです。慈善事業ではないということを強く言わせていただきますし、「無料でいいですよ」と言う人がいたら、その人は別のルートで生活物資や何かの援助を受けているのでしょう。

報酬はいただきますが、その分、私は毎年、慈善団体に寄付をしております。

お金を持っている人は断捨離がうまいです。空いているところに収納スペースを入れると金運は上がりません。また、部屋の角が開いていないと金運は上がりません。これは在位《ざいい》という概念です。

モノで運気を上げる方法

例えば、今、あなたのお持ちの財布が5万円で購入したものならば、その財布には5万円以上のお金（新札）を入れるべきです。財布にはそれに見合う、またはそれ以上のお金を入れておくことが大事なのです。金運を上げたい人は是非やるべきことです。普段の支払いはすべてキャッシュカードとか、ＱＲコード決済を使っているとかでも関係ありません。紙幣が大事なのです。

また、仕事運が良い人のお財布を譲り受ける、買い受けることはとても良いことです。

これは財布に限ったことではありません。例えば、東大や難関校を受かった子の勉強道具を使うことは、その人の勉強運や学習運を上げさせます。もちろん、本人の勉学が必要ではありますが。

験担《げんかつ》ぎという意味では、お守りとして身に着けているパワーストーンや石を神社に持って行き、お参りをしたついでに神様に約束事をするのもよいです。

お守りをたくさん買うことはかえってよくないという人がいますが、それは間違いです。お守りは何個あってもよいです。なぜなら、お守りはそのときどきの状況に応じて守ってくれるものだからです。たくさんあると効果が薄れるとか混雑するとかはありません。どうぞご安心を。

大きな買い物として家やマンションに次いで車があると思います。

車の話ですが、ナンバープレートを足して3や5となるのは事故りやすいです。7もトラブルが多いといえます。あとはみなさん好きに選んで買っていただいて問題ありません。また、ご自分の収入に見合った車を買うべきです。身の丈に合わない車だと霊が文句をいうこともありますからご注意を。

私が持ち歩いている物

本書では特別に私が普段持ち歩いている物の一部を紹介したいと思います。

全部が全部、私と同じである必要はありません。ただ、みなさんの日常生活のヒントになるかとは思います。

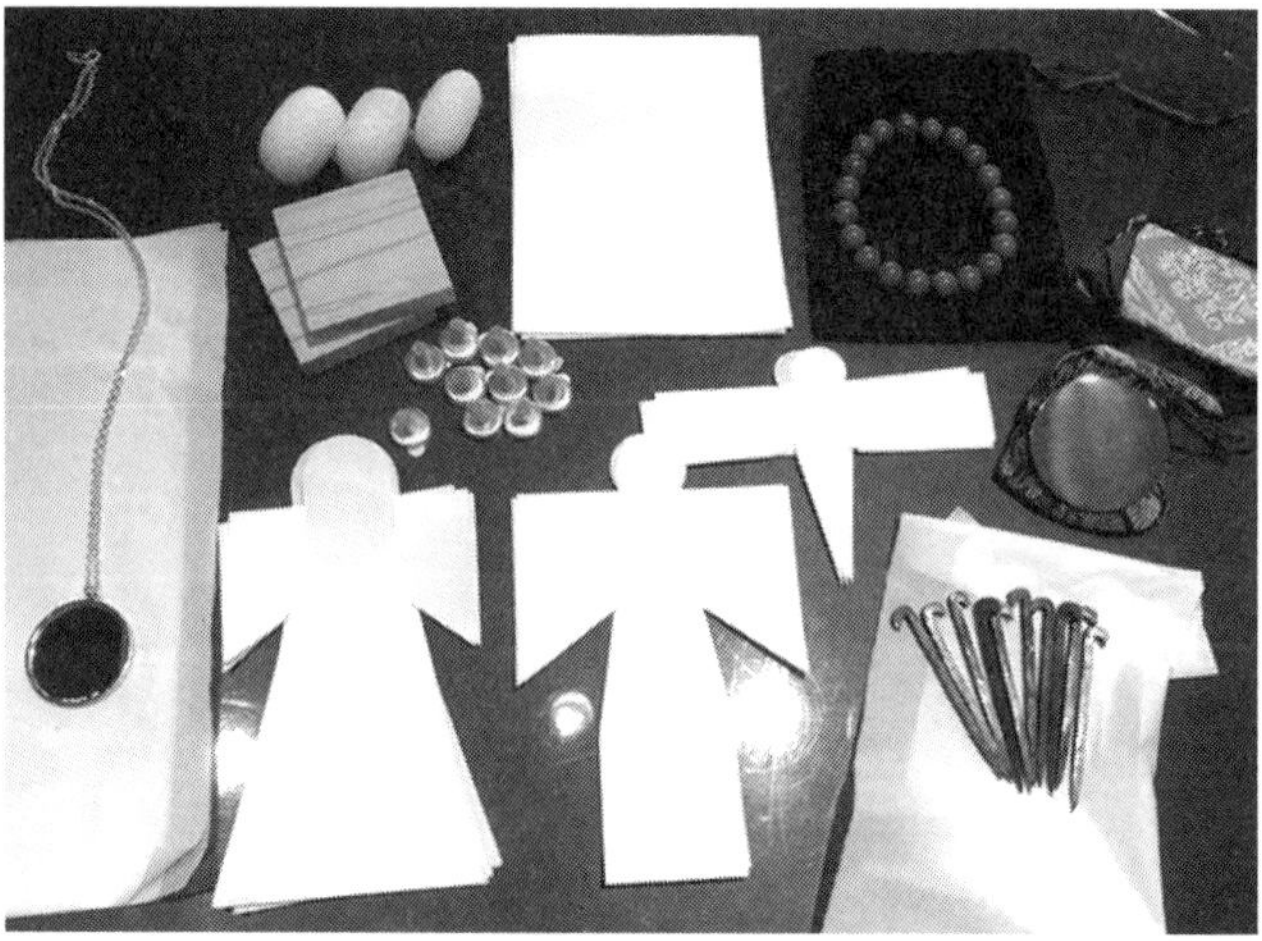

私が持ち歩いている物

私が持ち歩いている物

人形（水に溶ける）

ご神鏡

人形（水に溶けない）

数珠

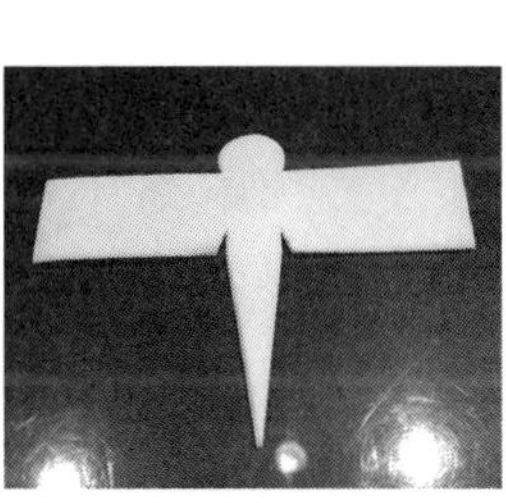
人形（水に溶ける）

丸鏡

釘

霊符の紙

お水

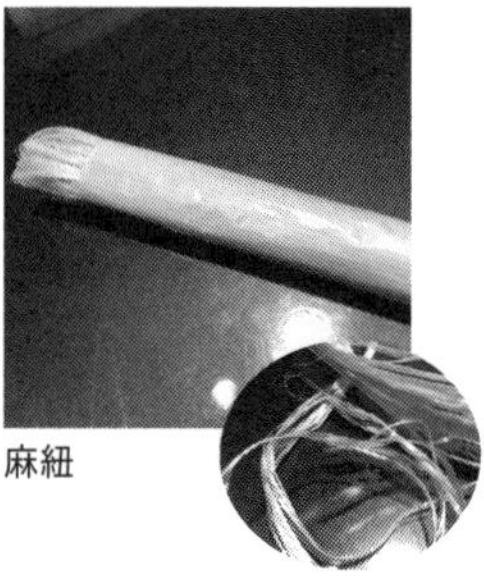

麻紐

霊符用の木札

繭玉

霊符はある薬草に浸して、乾かしています。いつでもどこでも書けるようにしています。特に、心霊スポットや危険な場所に行く際は事前に霊符を書いておきます。

お水は神棚の水です。

丸鏡は悪いものを弾きます。

お灸はお祓いに使います。

繭玉《まゆだま》は糸を取り竹に入れて使うこともあります。

竹には釘を入れることもありますし、釘を土に刺すこともあります。

木札も霊符代わりです。

人形《ひとがた》、これはお浄めと術を施《ほどこ》した特製の紙で作りました。水に溶かして祓います。

ご神鏡も持ち歩いています。毎日磨くことが大事です。もし、ヒビなどが入った場合、すぐに交換するようにしてください。

麻紐も浄めています。解いた麻糸で縛るのに使います。

以上が私の持ち歩く物です。

この中では、ご神鏡を持ち歩くことをお勧めします。

例えば、旅行先や出張先のホテルで嫌な気分になったとします。そのようなとき、ご神鏡を部屋にぐるりとかざすことで部屋全体の浄化ができます。また、枕元に置くことで悪い夢も祓えるのです。

悪寒《おかん》や霊障を感じたら、入浴で簡易お祓いをしてください。

浴槽にたっぷりとお湯をはり、そこに丸鏡を沈めてゆっくり全身を浸かります。塩を入れるとさらに効果があります。その際に「あまてらすおおみかみさま、あくき、あくま、けがれ、しりぞけたまえ」と10回唱えます。

本書の価格に秘められた謎について

さて、本書は価格を2223円（消費税10％を加えると2445円）としています。これも前著（『霊供養』本体価格2425円、消費税10％を加えると2668円）に引き続き、意味と力があることを秘めています。

本体価格である2223円を各数字バラして合わせると「9」になります（2＋2＋2＋3＝9）。9とは久《きゅう》につながり、永遠や恒久を示します。仏教でも九《く》品《ほん》は極楽浄土の階位を表します。3（上中下の3段階）×3（上中下の3段階）＝9でもあり、すべてを網羅《もうら》するわけです。前著でもお話ししましたが、仏教では3の数字をとても大事に考えています。3は「過去現在未来」を表し、「三《さん》帰依《きえ》＝仏・法・僧を拠り所とする考え」を示し、同時に「三宝《さんぽう》＝仏法僧のこと」でもあります。9もそうですが、3も無限を意味するのです。

また、9は一桁の最大数でもありますから、とても強いエネルギーを持っているのです。

この9のエネルギーを持ちつつ、本書を書店で購入したとします。すると「お会計は2445円です」と言われます。ここで多くの方が2500円ないしは3000円を出すのではないでしょうか。お釣りは55円です。この「55」にも意味があります。

5は世界の中心を意味します。この5が重なった55はより根源的な核に向かう力を表すのです。

ですから、すべてを表す9の本書を手にしていただき、そのお釣りである55は自分に強いパワーを受けることができるのです。

このお金（55円）は近くの神社またはお寺にお賽銭《さいせん》として納めることをお勧めします。その際はきれいに天然水で洗ってください。あなたの守護霊がさらに高まります。

または、白い紙や和紙に包んでお守りとして持ち歩き、寝る際は枕のそばに置いてください。最低45日間は続けてください。もし、何か違和感を覚えたときはそれを奉納してください。

どのようなかたちでもご利益があります。

最後に、奉納の具体的な方法ですが、厄を祓い、災い除けとして神社またはお寺に行き、①あなたの名前、②住所、③「すべての災いから身を守れますように」とのお願い事を伝えて、納めてください。

一家に一神棚

私は一家に一神棚を推奨していますが、初めての方はどうしたらいいかわからないと思います。そのときにお勧めしているのが、東京浅草にお店を構えるお宮神具の専門店「みす平總卸店《へいそうおろしてん》」さんです。

ご興味のある方はぜひ相談してみてください。

みす平總卸店〈https://www.kamidana.co.jp〉
TEL03-3841-2678（9時～18時／水曜定休）

陰陽師としての生き方、私が普段感じていること

本書でも霊供養や先祖供養、お祓い、お墓といろいろなお話をさせていただきました。

最後に、とりとめもないかたちになりますが、私が普段鑑定していて感じたことや、お伝えしたいことをお話しさせていただきます。

まず、一口に「お祓い」といってもいろいろあります。

祝詞は自分で書くものです。ですから、事前に下見などをして考えるのです。

こういう場合はこういう言葉を使うという法則があります。

よくみなさん「はらいたまえ」と言いますが、これは間違いです。正確には「はらえたまい」です。

間違った言葉を使うと意味がないので注意しましょう。


鑑定とは占い師ではなく相談者のためのものです。

ですから、私は常にどうやって伝えるかを考えて実践しています。

そのときに心がけていることは「小学生にもわかりやすいように説明する」です。

得てして占いは専門的な知識や言い回し、複雑な表現が多いです。ないとは思いたいのですが、占い師によってはあえてそういった言葉を使って相談者を「煙に巻く」こともあるかもしれません。

いかにそれをわかりやすく伝えるか。腕の見せ所であり、占い師の心が問われているのではないでしょうか。

私が専門用語を使う場合は、それを噛《か》み砕いて伝えていますし、「いかがですか?」と確認しています。

「霊能力って何ですか?」と聞かれることがあります。

霊能力のジャンル分けをすると、違和感を感じる力、霊視、人の考えることがわかる、虫の知らせ＝霊が教えてくれる／周波数が合っている状態などがあると思います。

ほかにも、(その人が亡くなる前に)枕元に立たれたり夢で会ったり、生き霊や似た人を見かけたり、または家にいたりする、というのも力です。すべてできる人はいないと思います。

能力ですから好不調の波があります。

私も体調や状況によっては霊が見えづらいこともあります。

それこそ、２日間で四人しか霊を見えないこともあります。普段、あれだけ見ようとしなくても見えてしまうのに、です。

そして自分が悪い日であっても、相談者にとってはかけがえのない一日です。だから、鑑定を休むことはありません。

また、私は自分の能力のキリカエはできません。オンオフができないのです。これはやり方を教えてほしいぐらいです。最近では「これは楽しむしかないな」と思うようにしました。

日々、平均、20人くらいは見えます。人、生身の人ですが、それが多いとか少ないとかは関係ないです。見える霊も集団でかたまっていることもあれば、一人ぽつねんということもあります。動き回る霊、立ち止まる霊、さまざまです。街中の風景と同じに私は見えるのです。

鑑定の前に霊が来ることも多いです。

「この霊、どっかで見たことあるな」と思ったら、3年後にその親族が来られて、「生前にお世話になりました」と言われたこともあります。

私自身の悩みといえば、注目と信頼を集めるほどに、「当てないといけない」と思われるようになりました。これは大変なことです。なぜかというと、私の力が強すぎて、霊に悩む人が鑑定に来ると霊がいなくて元気になってしまうことです。霊が怖がってしまうのです。相談者は「解決した！」と喜ぶのですが、本当の解決は霊に来てもらい、話を聞いてからです。

私は相談者が悩み続ける限り、そこに寄り添いたいですし、解決したいです。

そのため、お弟子さんを取るようになりましたし、大きなテーマですが「世界平和」も願っています。世界平和を願う人を増やしたいです。

平和という意味では神社とお寺の平和、占い師の平和もあります。

占い師や霊が見える人のカテゴリーでは「他人を否定する」人が多いですが、私にはよくわかりません。

私の下で習って、さらに他の先生で習うこともよいでしょう。ただ、否定してはいけません。他人を否定する人は向上できないからです。

否定をすることは、その人のさらに親も否定することです。それは絶対にだめなことです。

がんばっている姿を否定するのは人としてどうかと思います。

何度もお話ししていると思いますが、言葉は大事です。言霊《ことだま》の法則があります。

「ありがとう」を言う人は「ありがとう」を言われることが多いです。

その反対に、中傷することばかりの人は、中傷されることが多いでしょう。

私の日常ですが、常に本を3冊は持ち歩いています。すべて占いや宗教関係の勉強本です。家に帰ってもすぐに本に触ります。継続をすることで習慣化となり、それがないと気持ち悪くなってしまうぐらいになるとよいのではないでしょうか。

自己投資はとても重要です。知識が上がらなければ仕事運や金運も上がりません。

タレントや会社の経営者、成功されている方は自己投資を惜しみません。

ただその一方で、毎日毎日が仕事だと疲れてしまいます。休むことも大事な自己投資です。

私も年末年始はお休みを取らせていただき旅行に行きます。こうすることでメリハリが生まれます。何より、どこかで楽しみがないと日々の生活に張り合いが持てません。

昔の人が言うようにハレの日とケの日のようなことが必要です。人は目標があることで輝きますし、がんばれるのです。

自分は何もできない、あの人は無気力だ、という人にこそ目標を与えてください。

ちなみに、私にとっての旅行のメインは岩手県の緑風荘で座敷童に会うことです。

旅行に行くにしても、自分が安心する場所や方位がよいでしょう。

方位は九星気学で見られますし、誰でもわかります。この方位は命式にも現れます。

オフィスでのルーチンですが、神棚などにお水を出して、お菓子を供えます。

帰るときは、スマホで室内の写真を撮ります。霊が映っているかもしれないからです。

最近の相談者の傾向としては、悩みに対してのピンポイントな答えを求めていないような気がします。もっと大きな、自分の人生や存在に対しての肯定感を求めるような気がしております。

その一方でとても個人的な悩みも多く寄せられます。

私のところに来た相談で整形に関するものがありました。

私は整形に関して否定はしません。ですが、タトゥーはデメリットが多いことも確かです。消したい相談が多く寄せられていることからしても、みなさん、後悔はしているのでしょう。その意味ではお勧めはできないです。

食欲の障害の相談を受けることもありますが、精神障害としてのケースが多いような気がします。

また、性欲が減退する、もしくはセックスしても楽しくない、不感症という相談を受けることがあります。これは圧倒的に女性が多いです。病気ではない場合、霊が取り憑いている可能性が高いです。本人はそれを感じていないこともあるのです。

人生もそうですが、わからないことだらけです。

だからこそ、日々に現場に出て鑑定やデータ集めをしているともいえます。

「おそらくこうだろう」はあるけれど、それは確証がありません。自分の考えだけでは判断しません。とにかく、聞くことを大事にしています。

「霊が言っていることは否定しない」を私はいつも心がけています。

京明流九《く》字《じ》印《いん》

京明流九字護身法

1 真っ直ぐに立って、呼吸を整えます。

2 左手をイラスト1のような印を結びます。ここでのポイントは爪を見せないことです。それと、指はしっかりと握ってください。

3 印を結んだ左手を顔の前で構え、イラスト2の順番にならって手刀のように切っていきます。最後の10は中心を突いてください。その間、言葉を発してはいけません。

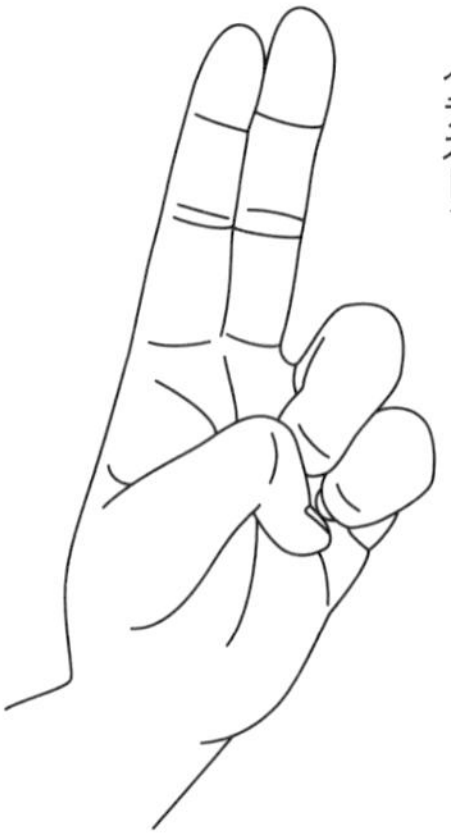

イラスト1

この印と切りは霊と交信する際に、除霊・悪霊退散として使ってください。時間帯や場所は問いません。また、何回やられても問題ありません。

イラスト2

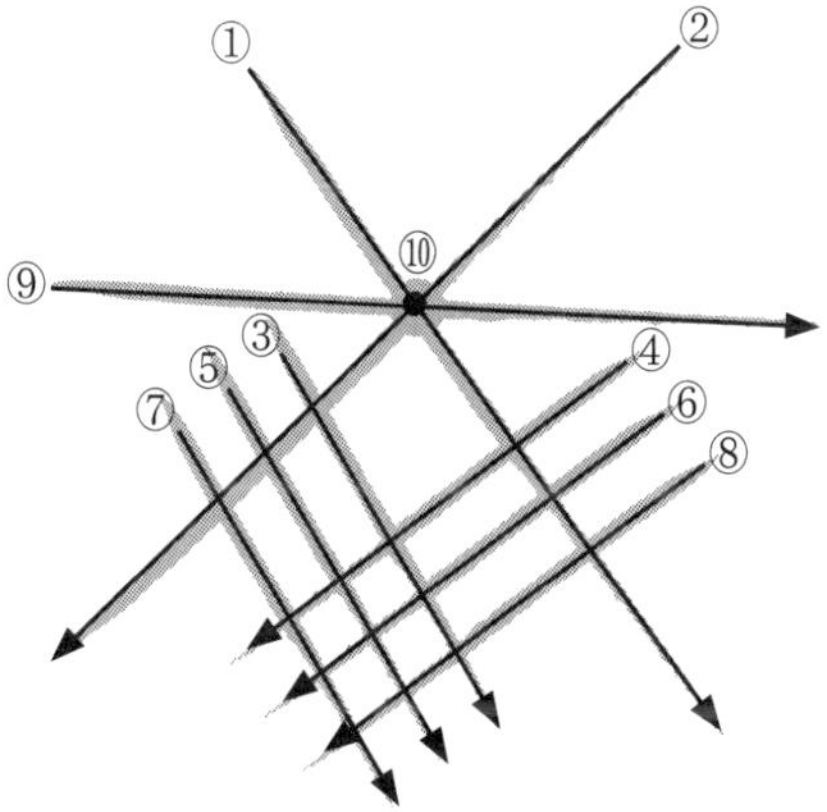

次ページには災いを弾く霊符と家の中の邪悪な霊を鎮める霊符を掲げております。京明流九字護身法と合わせてお使いください。霊符は切り離さないでください。

災いを弾く霊符

家の中の邪悪な霊を鎮める霊符

おわりに

驚きの事実を、つい最近、知りました。

前著でも本書でも、霊は「あの世で何をしているか、それはわからない」とお話ししたのですが、その答え（と思われるもの）を見つけたような気がします。

本書脱稿の頃のことですが、ある霊と対話をしていた際、私が「あの世で何をされているんですか？」と聞いたところ（この質問自体はよくします。私が知りたいからです）、その霊がぽろっと「勉強している」と答えたのです！　これには驚きました。今まで、この問いかけをしては「忙しい」とか「やることがある」だけだったからです。みな、それ以上のことは絶対に言ってくれませんでした。

その霊はつい口が滑ってしまったのかもしれません。

「勉強」と聞いて私はすべて納得しました。

人生は失敗や後悔の連続です。その思いは霊となった後でも引きずります。霊はあの世で失敗の原因を克服すべく勉強し、すべてを浄化させ、グレードをアップさせて、生まれ変わる準備をしているのではないでしょうか。ちゃんと生まれ変わるには勉強が必要なのです。それが強制的であってもやらなければならないのです。

なぜここまで私が納得できるのか、それは父の霊を知っているからです。

私の父は真面目で優しく、素晴らしい人でした。ただ、お願いに関しては強く言わないと動いてはくれなかったです。「しょうがないな」と言ってしてくれるのです。

その父の霊が、息子である私がいくら聞いても「忙しい」としか言わなかったのです。

だからわかるのです。「ああ、これは父は強制的に勉強をさせられていて、それで忙しいのだな」と。

もちろん、これは私の推測です。

ですが、かなり確証をもって言えると思います。

「優しい」と言いましたが、私は、人は優しさがなければならないと感じています。

人は自分に嫌なことがあると誰かのせいにしたがります。

その反対に良いことがあったらそれは自分の手柄として他人への感謝を忘れます。

すべては因果応報なのです。

人にも自然にも優しく接すること、そうすることで運気はどんどん上がります。

人もお金も運もあなたについていきます。

他人を責めるだけの人は10年経っても20年経っても変わらずに、誰かを責め続けているのではないでしょうか。

果たして、そんな人生が明るく楽しく素晴らしいものといえるのでしょうか。


私が本書でお伝えしたかった霊供養とはこの優しさの表れなのです。

私達一人ひとりに大切なご先祖様がいます。

両親から遡り、10代前は千人を超え、20代前は１００万人を超えるのです。

その誰かが欠けても今の私達は存在しえないのです。

であるならば、今、こうして生きていることの奇跡を喜び、それを与えてくださったご先祖様に感謝の想いを持つのが、当然のことではないでしょうか。


そして最後に。

ご先祖様を供養すること以上に重要なことであり、大切なことは、両親への感謝の気持ちです。

これは「究極の先祖供養」といえます。


本書最後まで読んでくださったみなさんに、重ねて、お伝えします。

両親と、ご先祖様に「ありがとう」の気持ちを持ち、日々、行動してください。

そうすれば、あなたにも「ありがとう」は返ってきます。

日本最後の陰陽師　橋本京明

橋本京明
（はしもと・きょうめい）

福島県郡山市生まれ。神官の家系に生まれ、幼い頃から霊視・予知をするなど不思議な力を持つ。8歳で四柱推命をはじめとする各種占術を学ぶ。その後、心的鍛錬のために金峯山寺や比叡山行院などでも修行を積み重ねる。会社員と併走して占い師として活動。2008年に地元、郡山にて「橋本京明オフィス」を開業。驚異的な的中率が話題となり、テレビや雑誌など各メディアに紹介される。拠点を東京に移してからも個人鑑定は続け多くの悩める人を解決へと導く。自身のYouTubeチャンネルは登録者42万人を超える。著書に『霊供養』（説話社）、『陰陽師・橋本京明のとらわれない生き方』（大和書房）、『呪いを祓う55の方法』（宝島社）、『強運のつかみ方』（大和書房）など多数。

【橋本京明オフィシャルサイト】
＜https://www.last-onmyoji.jp＞
【橋本京明スタッフInstagram】@kyomei.hashimoto
＜https://www.instagram.com/kyomei.hashimoto/＞
【ラスト陰陽師　橋本京明　CLUB HOUSE】
橋本京明(Kyomei Hashimoto)または@last_onmyoji
【陰陽師・橋本京明チャンネルスタッフTwitter】
＜https://twitter.com/KyomeiChStaf＞
【陰陽師・橋本京明へのコラボ、お仕事、イベント出演依頼はこちら】
info+kyomei@exvision.tv
【陰陽師・橋本京明チャンネルご登録お願いします】
＜https://goo.gl/uQdUyU＞

霊供養《れいくよう》2

発行日　2022年12月20日　初版発行
著　者　橋本京明
発行者　高木利幸
発行所　株式会社説話社
〒169-8077　東京都新宿区西早稲田1-1-6

デザイン　市川さとみ
印刷・製本　中央精版印刷株式会社

ISBN 978-4-910924-01-4 C 0011

人形《ひとがた》を用いた霊供養の儀式

1　朝露《あさつゆ》の水で墨を磨《す》ります。磨っている間は供養する方のことを強く念じてください。

2　供養したい方のお名前を人形《ひとがた》の真ん中に大きく書いてください。

3　書き終えたら人形《ひとがた》に息を3回吹きかけます。

4　別の和紙（半紙）を用意し、左が上になるように3枚折りをして、半紙の上にも名前を書きます。

5　仏壇に供え、朝昼晩の3回、最低でも朝晩の2回、自分達が食べるのと同じご飯とお水かお茶を用意します。ご飯やおかずは丸い無地のお皿にすべてならべてください。量は少なくても構いません。

6　最低でも90日間続けてください。

以上です。もし、供養をしたい方が複数名いるのならば、いっぺんに全員はやらず、お一人お一人ずつ供養をしてください。

日本最後の陰陽師　橋本京明

霊供養用人形《ひとがた》

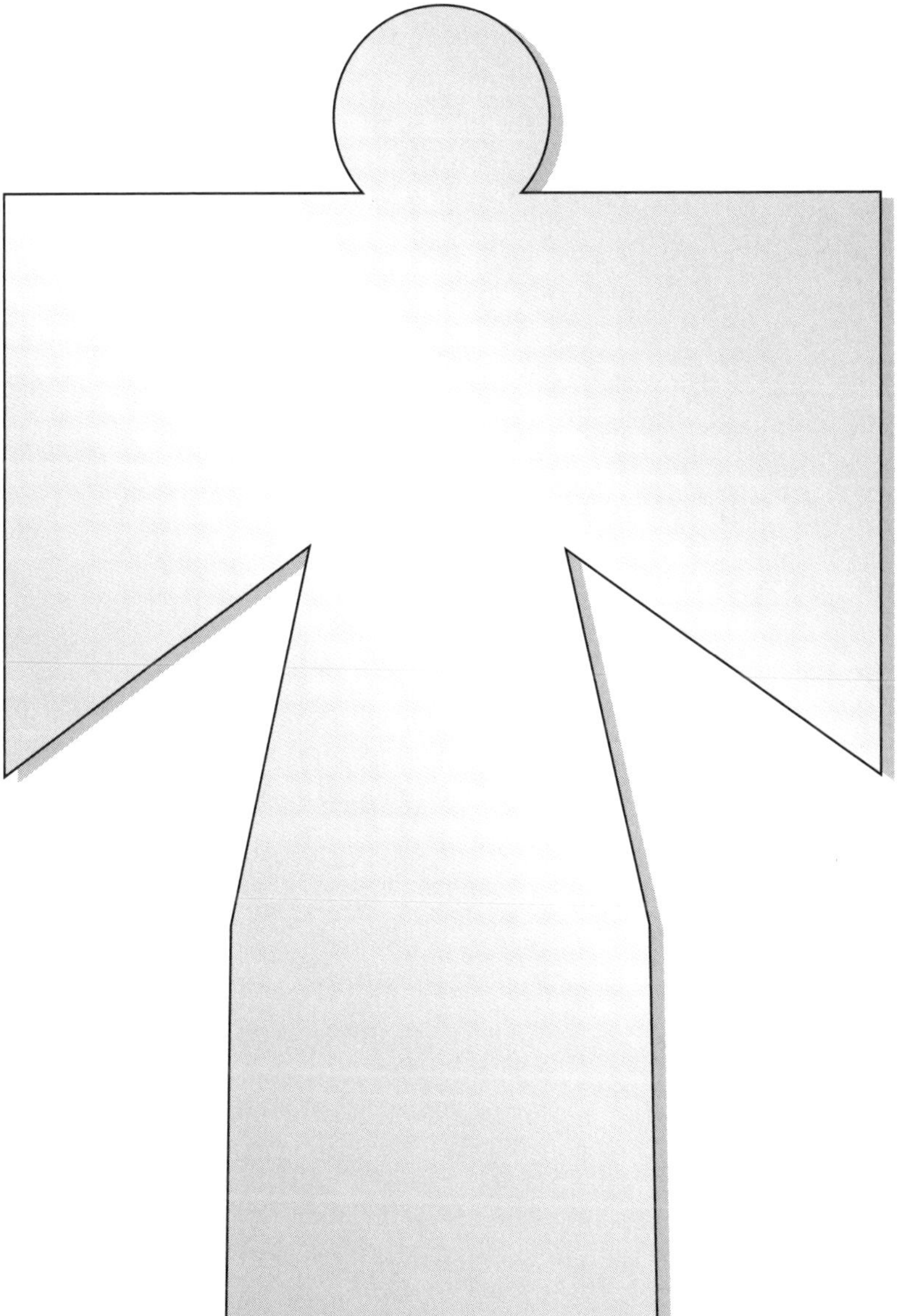

点線に沿って本ページを切り取り、その上で、人形を切り抜いてお使いください。

霊供養用人形《ひとがた》

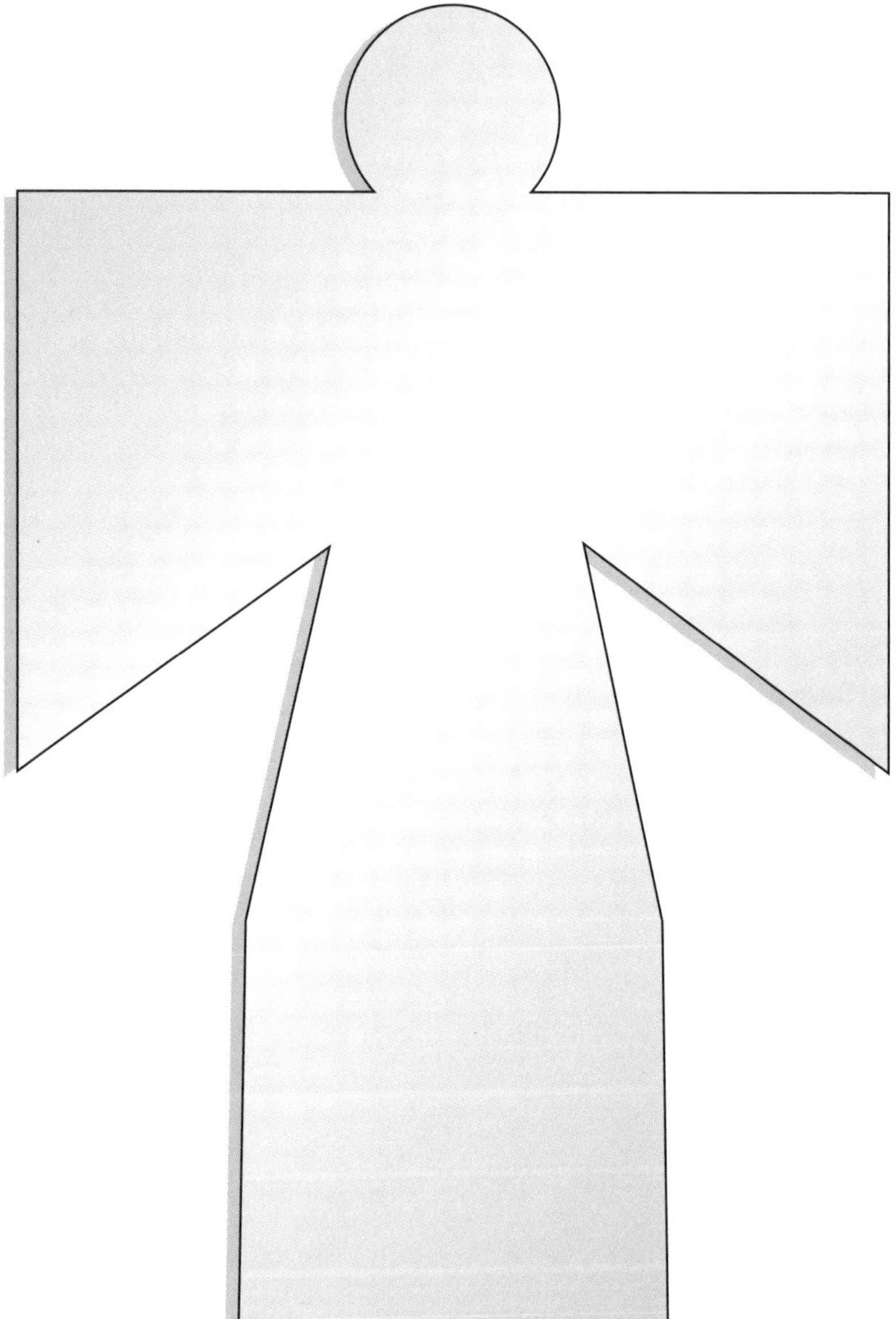

点線に沿って本ページを切り取り、その上で、人形を切り抜いてお使いください。